Para Elaine que confia nesse maluco, Manoela e Ilana, amor de filhas.

INTRODUÇÃO

INTRODUÇÃO

    Publicar significa estabilizar, fechar, limitar sob margens e páginas. Publicar, esse verbo transitivo direto, de tornar (algo) público, amplamente conhecido; divulgar, propagar. Paradoxo puro: limitar, fechar, estabilizar e ao mesmo tempo divulgar, ampliar, propagar, tornar público. Mas o que me intriga em "publicar" é que não entendo essa necessidade narcísica de escrever para alguém, se o que escrevo aqui é algo que sai de um sujeito diretamente para o seu eu. Vago, solto, sem ligação. Completo, complexo, profundo, em mutação. Entendível, dizível, risível, patético, sintético. Mas essa é a linguagem do sujeito. Não sou eu que escrevo, mas esse sujeito teimoso, ardiloso, fogoso, medroso, ansioso, venturoso e despretensioso. Eis que quando tudo isso, ou esse nada passa ao papel e se margeia, manuseia, ladeia e refreia, se torna linguagem, ainda que escrita, e é na linguagem que se é constituído. E na linguagem não tenho limites. Fantasia, dor, gozo, angústia, alegria, alegoria, hipocrisia, sabedoria, putaria, mentira e sofrimento. Pureza, verdade, crueldade, maldade e saudade. Vontade, apatia, anemia. A linguagem, a fal(h)a, a escrita, o dito e redito aqui, não se fez com pudor, muito menos rigor técnico, apenas rigor ético, de uma ética de ser, sentir ainda que sem sentido. Rigoroso sim, na garantia de liberdade, pois o sujeito externado aqui em nada pode ser reprimido, esse é o rigor. Portanto, não pretendo nessas próximas páginas receitar, mas recitar em forma de letras juntas, palavras que numa contínua toada, fraseiam algo sem sentido, ou não. Cada palavra é única, expressada em forma disforme, mas conforme esse sujeito hora acorda, hora dorme. Ler não nos obriga de modo algum a compreender. É preciso ler sem garantias. Folhei, pagine, leia, queime, rasgue, suje, até indiferente seja, pois já é algo. Mas deixe esse doidinho falar, pondo em palavras escritas tudo que sente, fazendo ou não sentido, diria, sempre sem sentido. O que você vai ler a seguir não tem lógica, não é do sentido, muito menos da razão, é apenas, do coração de um doidinho que vive. Experimente e goze.

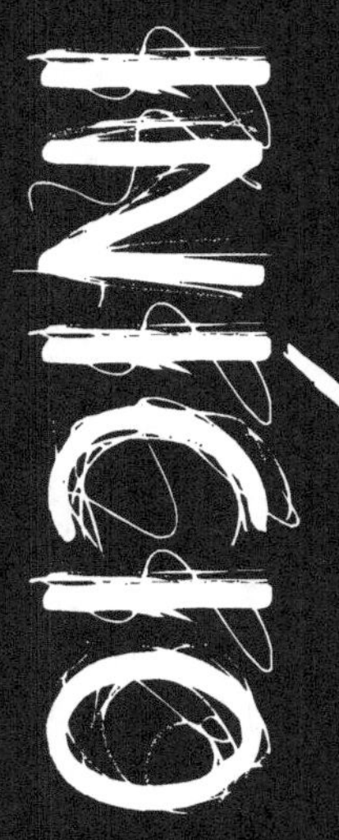
INÍCIO

Um antigo e assombroso sobrado colonial, tão antigo quanto o medo. Partes em escombros, partes num insistente pulsar de vida, respirando ainda um desejar, um alojar de esperança, um lugar. Tão quanto eu, que ainda que em escombros, insisto em viver. Aquece a pulsão de morte, mas insiste na pulsão de vida. Árvores gigantes, preservadas apenas por sua força natural, de anos de degradação da incansável ação desumana do humano, homem! A via é até estreita, se transformando numa veia, do tipo sanguíneo. Via/veia fazendo uma verdadeira transfusão de carros e mais carros, como sangue fosse. Passa o carro, passa a carroça, passa o passante, todos sempre apressados, olhares fixos fora dali. Ali só é passagem, ali ninguém se importa com a saúde daquela artéria. O feio predomina, não só no que é antigo, o velho sobrado, mas principalmente no novo, o que é novo... Tudo é feio, todos são feios. A paisagem mistura um ar até fétido, onde se misturam odores do suor, das frutas apodrecidas no chão, que vendedores ambulantes insistem vender para sobreviver, ainda que o poder não os queiram ali. A fedentina da lama, do esgoto, da fumaça poluente dos carros, dos dejetos de animais que também ali transitam. Afinal nessa artéria corre um sangue misturado, um sangue impuro de muitas vidas. Nessa artéria o sangue está contaminado pela toxina exalante, produzida pela vida. No descrever de uma esquina, feia, sem graça, antiga e sem beleza estética, pareço descrevendo uma vida, muitas vidas. Uma passagem, muitas passagens. Pequena extração de um lugar qualquer, num lugar nenhum, pode-se sentir o pulsar de uma vida no que ela produziu ou ainda produz. Essa pequena e (in)significante esquina passa a vida, passa o morto, passa o cheiro, passa ele, passa ela, passa o menino, passa o cachorro... A vida pulsa desde um inseto a um humano. As grandes árvores dispersas no solo, no tronco, parecem sozinhas, distantes, sem contatos. Engano! Por cima, na copa, no alto, no cume, elas se entrelaçam e se unem formando uma grande vida/flora/aérea. Lá de cima o passarinho ainda até canta, a coruja dorme e alimenta seus filhotes, os insetos procriam e a folha respira. Na base, no periférico está o lixo, o poluente, o sujo, o disperso, o homem. Mas também dessa base que fede, está o orgânico que aduba. No alto está a vida, o verde, o galho. Mas essa vida lá em cima não viveria seu esplendor sem o sacrifício da base, pois há vida no sujo, lixo, no disperso, no feio, no poluente...no homem.

A Esquina testemunha os cruzantes circundantes que giram de um lado para o outro, cada um a seu modo, cada um com seu pensamento. Incontáveis pensamentos, andando, correndo, voando, nas cabeças andantes. São tantos e ao mesmo tempo um só. Porque os pensamentos não se cruzam, não se comunicam. Não se pensa coletivo, mas no um a um. Um em tantos, tantos em uns. Os corpos, os objetos, as coisas, tudo se cruza, tudo se vê, tudo se sente, se percebe. Mas o pensamento não. Ele está ali, mas não está. Tudo se mistura, cenário de bugigangas, todo tipo, toda fala, todo olho, todo tato, e claro, todo pensamento. Mas ele se esconde na singularidade de cada um. A sombra é dual em significados. Ela faz bem, ela faz mal. Ela descansa o cansado, desaquecendo-o, como elimina a luz que radia o fervor da vida. Se a sombra me é dada pelo bem, descanso. Mas, se é a sombra do mal, fico preso ao sem luz. A luz pode ser luz e pode ser calor. Pode ser Céu, mas pode ser inferno. É vital, é real, é fálica, é pulsão, é nada e é tudo. A inquietude está debaixo da sombra do mal. Ela é real, mas quer tornar fálica o vital que pulsa nesse eu. A esquina? Lá está ela, sombreando os ligeiros passos do cruzante. Mas ali, naquele quadrilátero, passa sobre alguns, a sombra do mal, que pertence só a ele, como uma primeira sombra. O suor escorre no rosto do pecado, pois mesmo na sombra do mal, ele se aquece da alma de quem usa. O corpo faz sombra e morada para aquele mal entrar. E ele é quente, fazendo calor, fazendo suor, fazendo calar, fazendo sangrar. Uma brisa ao sol, fora da sombra do mal, é menos quente, ainda que derreta a pele, queime e avermelhe! Há frescor sem sombra, no calor da liberdade, sem sombra decaída, é lá que ele quer descansar. Posam num galho da grande árvore, dois pássaros pequenos. Um de penas brancas e vermelhas, e leve acinzentado na cabeça. O outro de um porte um pouco maior, todo cinza azulado. Vieram de lados opostos, cansados, se batem, se bicam e floreiam as pequenas penas da cauda...ensaiam um chamado, um canto. Nada alto, ao menos tão alto quanto o alto que eles estão. Um parece mais alegre, cantante, contente. O outro menos!

Fitam o movimento aos seus pés com um ar curioso, mas de hábito já conhecem bem o movimento natural das sementes de pedras. Quantas cabeças passam sob eles, quantos pensamentos. Alguns de tão pesados, carregam seus pensamentos quase nos pés, embolando-os a cada passo. Outros de leves pensamentos, o deixam saltitar acima da cabeça, sem presa, sem pressa, sem peso. Numa ilusão de ótica, o pássaro mais sisudo quer bicar aquelas bolhas de leveza que saltitam no ar. Mas pura ilusão, pois elas saltam e sobem, mas não a tal ponto de altura. Não existe tamanha leveza na cabeça de um ser, ainda que seja leve, jamais chega ao sublime do mais alto. Não ainda estando preso, a semente de pedra.

Nem tudo que se diz, é o pensar real. A fala que cada um produz, leva uma distância no ar até chegar a quem ouve. Distância de espaço, distância de entender, de ouvir, de sentir, de processar, de julgar, interpretar e simular. Todo esse balaio de ações mentais se entrelaçam em um curto espaço de tempo, mas ainda assim, distantes. O som se ouve na esquina, o ruído se faz presente como fundo, enquanto som do outro. Quantas palavras ao mesmo tempo se diz na esquina? Quem me dera poder contar, comparar, até mesmo assemelhar. O ruído que parece ao fundo, distante e imperceptível, penetra no escondido de cada um, fazendo em muitos, mais efeito do que a palavra que lhe foi dita. Não existe uma hierarquia de ouvir. Nem sempre o que mais direto e primeiro penetra os ouvidos, predomina a partir de dentro. Lá dentro começa uma nova e diferente jornada, com um sentido sem domínio do lado de fora, muito menos de quem emitiu o som.

Na esquina passa uma mulher, quarenta e poucos anos na aparência, até bonita, mas descuidada. Leves sinais do tempo, mas de um estilo que encanta. Ela cruza a esquina, cheia de silêncio e robustez, cheia de pensar latente... Entro agora em seus pensamentos e ela desvela uma vida de aflições. Um brilho que reluz em um de seus dedos das mãos revela uma posição de casada. Seu pensamento ora a faz sorrir, ora a faz retraída, percebendo-se as contrações dos músculos faciais. Seu inconsciente pulsa um desejo inebriante por um alguém. Sim, clichê barato, esse alguém não é ele, o marido. Esse pulsar que dela tira o sossego é por outra pessoa. Será? Como podes julgar, cravar, acertar? Tem uma inocência nesse desejo, tem um mistério pouco negante, pouco pegante, mas muito ofegante. Mais uma vez a esquina se lava, se refresca pelos pingos, que são muitos, de uma sem muita força, chuva. Dia frio, não muito claro, pois o Sol se atrasa no abrir daquele sorriso irradiante que só ele sabe dar. Poucos cruzantes se atrevem, mas os que passam têm algo bem único comum a todos. A singularidade, ah esse ser singular. Falante, ouvinte, desejante e faltoso, mas singular. O um em gente não se divide. O um em gente possui um casulo vivente, latente e significante, que traduzimos como alma. Não adianta você me entender! Você não me entende. Estúpido manual de vida. Nada se parece, nada é igual, as semelhanças gravitam no ar, no superficial e pronto. Acabam-se as igualdades. O manual por mais pretensioso, se esvai na sua insistente manualidade. Tão pobre em me dizer quem sou, que nem mesmo sabe que não sei que não sou isso que penso ser. Não! Não insista, pare aí, você vai se machucar.

São muitas as notícias! Tantas quanto cabem em cada movimento que o um ser se quer dar. Claro que nem todas são chamadas ou mesmo "chamosas", mas são notícias. Gente acordando ávido por notícias de alguém, de quem, de fatos e ações. Gente que vira notícias, mesmo sem saber. A matéria prima da notícia é a ação, por isso todo ser vivente é notícia. Não creio que passe um dia se quer sem produzir notícias, todos a produzimos. Um dos significados da notícia é "conhecimento do paradeiro ou da situação (de alguém)". Todos ainda que solitários somos um paradeiro, estamos numa situação. E sim, alguém sabe desse paradeiro e em qual situação estamos. Mesmo o desconhecido que cruza na esquina com o outro, sem produzir um só ruído, vê-lo em paradeiro, numa situação. Posso ser notícia sem ser presente. Posso despertar a lembrança de alguém mesmo sem estar junto, sem ser presença, sem ser um conviva. Notícia boa, outra ruim, mas o fato é que a notícia sou eu. O final de tarde na esquina é melancólico. Bem no meio dela, em um dos lados, tem um prédio antigo, sobrado de dois andares, rústico e velho. Velho, porém bonito. No andar primeiro observamos três janelas, já no segundo andar, vemos duas janelas centrais. Eis que em uma das janelas, surge intacta, parada, imóvel, uma dama. Uma mulher que de longe parece bonita, cabelos longos, escuros, não revelando aos olhos sua idade. Ela está parada sem se movimentar, porem vemos bem pela estagnação corporal que sua mente, essa sim, se movimenta muito. Dá janela ela vê um mundo inteiro de opções, muito além do mundo ocular possível. Mas esse mundo também a vê de volta. Ela insiste em permanecer imóvel. Mas sua mente viaja, sua cabeça não para, ela vislumbra todo um mundo daquela janela. O inconsciente comanda as ações mais robustas e os movimentos acelerados, ainda que o corpo parado, ele se movimenta. Não preciso desse corpo para ir tão longe, mas preciso dele vivo, para não ter que ir tão longe, a morte. A morte possui a distância do não pensar em desejo. Está tudo escondido. Nada que sai no consciente expressa toda verdade nem tudo que se pensa. Não adianta acreditar. O discurso soa suave e saudável. Mas é frágil e inexpressivo quanto à verdade. Sabe quem diz quem é você? Seus segredos. Seu obscuro. Aquilo que você faz e pensa escondido de todos. Mas eis que tem um que te domina e não os impede. Ele realmente fala o que és, quem és e o teu desejo. Ele te faz falar sem você querer dizer. Ele fala por ti, o que te denúncia. Ele te contradiz, ou mesmo fala o que não pensas que falas. Somos traídos e atraídos pelo nosso inconsciente. Pronto, falei! Sim, ele fala sem te prevenir, ele fala porque é. Ele é você. Não adianta tentar, pois, destituí-lo do seu posto. Essa é sua missão. Ser você. E isso ele sabe ser. Eis que surge uma, ainda que anêmica, esperança. Você se entrega no mais completo ser, seu eu. Todavia nem todos, raríssimos, podem escutar essa fala. Calma! Pouco dessa fala será realmente percebida. O outro não a percebe justamente porque ele a escuta com o consciente, e o consciente igualmente não entende o real, a verdade. Ele não escuta.

Eu sou responsável pelo que fede na minha vida! Projetei uma rua diferente hoje em meu sonho. Na esquina, as duas ruas que se cruzam, estão repletas de pétalas de flores. Repleta, repleta, pétala, pétala. E quanto mais caminhamos, pisamos, andamos, corremos, mais elas, as pétalas, exalam ao serem pisoteadas, um aroma delicioso, são flores, são pétalas. Esse sonho me remete ao desejo. Desejamos sempre o melhor dos mundos, o melhor do piso, o mais cheiroso dos mundos, um mar de rosas, uma rua de flores. E se não o tenho assim, culpo o outro. O mundo fede por sua culpa. Não piso em pétalas por sua culpa. Meu mar não é de rosas, por sua culpa. Tudo fede, tudo é podre, tudo dói. E por sua culpa. Desejo as rosas que não exalo. Como o outro também não a exala, o culpo. Na verdade, o fedor, o feio, o sofrimento, a dor que me causa, sou eu o maior causador. O mau cheiro, o fedor, o excremento malcheiroso que mais convivo e que mais está próximo de mim, é exatamente o meu. Sou eu, é o meu fedor. Eu sou o mau cheiro que detesto. Já não cheira bem.

Prefiro. Indo ao encontro do que não sei, porém prefiro. Sempre vou, nunca fico. Já não sei se prefiro ficar, quanto mais não quero, mais vou. Louco, eu? Não. Louco é achar que sabes o que preferes, e que sabes porque vais. Nunca sei se é dia ou noite nas entranhas de meu pensamento. Entranhas, porque na pele, ah, na pele eu sei bem. Está aqui externalizada pelo meu consciente. É na leitura rasa que me perco, achando que me encontro. Sopra um vento, tenho pouca visão de onde estou. Isso me desespera, mas aí lembro que na internalização do meu pensamento, lá nas entranhas, o campo de visão é maior, bem maior, contudo ele jamais se exterioriza. Tem um caminho sombrio entre lá e cá. E na esquina passam os dois, um lá, outro cá, mas passam, e juntos. Não é sóbrio ficar. Mas o vento se encarrega de soprar-nos para longe. Vento que sinto na cara, trazendo consigo a poeira de um ar poluído numa mente contaminada pelo escondido do inconsciente. Não sei se há verdade nesse inconsciente, mas que há vida. À Esquina sempre me associa ao fazer. Sou sempre obrigado a fazer. Tenho que fazer. Ninguém me liga e pergunta: como você está, o que estás pensando? Não, não. Só perguntam: o que você está fazendo? Vivemos no mundo do fazer. Ou faz ou desce! Ou faz ou para! Se hoje vivo mais, tenho que fazer. Sou medido pelo que faço, não sou nada além do que faço. Até porque o "que faço" remete quem sou. Sim, medem meu grau de sucesso em fazer pelo carro que tenho, pela roupa que uso, pela casa que moro. Sou enquanto faço. O outro me impele a fazer. Claro que sei que não se constrói o mundo sem o fazer. Mas a construção da vida é mais além do só fazer. Não existe mais o sou por isso faço. Não. Hoje é o sou, enquanto faço, e se faço, e como faço, e quanto faço. Quero fazer mais, por mim, por você, por eles. Isso é que dá prazer.

Faço, logo existo. Senão faço, para que existir? Pregar o ócio eu? Jamais. Sou movido à ação. O que não concordo é ser constituído pelo que faço, e só. Não sou contra a marca, o legado do homem que faz, mas esse que faz tem uma formação além. Deixa para lá, ficou chato.

Me despeço por uns dias da esquina. Estarei ausente desse cenário que se chama aqui. É meu desejo também me ausentar um pouco de mim. Preciso ficar um pouco distante do meu eu. Pense como ele anda para baixo, sem vida, sem graça, com medo, inseguro, distante de si, dos sonhos. Meu eu parece desistir de insistir em sonhar. Estou um eu fálico, anêmico e pesado. Quero me esvaziar do meu eu, sentir minha ausência de mim me fará refletir melhor se devo continuar com essa parceria com tal vida. O meu ser desconhecido pede passagem, mas nunca se faz conhecer, sendo sempre sombra. Quanto mais o busco, mas ele se torna invisível e indizível. Minha esperança é que logo, logo, ambos nos encontremos. Preciso muito encontrá-lo. Quem sabe elimino aquelas dúvidas que corroem a certeza de um eu que não sabe que é. Vou em frente, nada tenho a perder. Só um tempo..., mas o tempo é efêmero. Não sei que tempo é esse, só sei que o tempo se vive, se passa e se quer. Na esquina passa o dentro da vida e passa o fora da vida. O fora da vida até vive, mas não aqui, ainda que aqui, ainda que passe na esquina. O fora da vida tem carne, tem osso, tem vísceras, tem vista, cheira, fala, grita, olha. Tem um corpo real, aqui e agora, como eu e você. Uns mais, outros menos, mas são convivas dos dentro da vida. O corpo, o orgânico, o biológico não é tudo. É muito, pois sem não nos constituímos como vida. Mas não é tudo. Ainda que com esse tudo, existe aqui, os fora da vida. O fora da vida respira! O fora da vida precisa tão quanto eu e você, do oxigênio de cada dia. Ah. Também não pode prescindir da água, do alimento. O fora da vida até vive, mas fora dessa nossa vida. Dentro só está seu orgânico, seu biológico, seu ser. Pois seu sujeito, seu eu não está aqui. O fora da vida não tem seu consciente, muito menos o inconsciente, por isso ele está, mas não é. Ele não é porque ele não sabe que é, pois até é, mas sem saber, não é. Na esquina passa o dentro da vida, e o fora da vida. Os dentro da vida, não são normais, ninguém é normal. Os fora da vida, são loucos!

O homem coisa transita na esquina. Vai com pressa, passadas largas, até desconsertadas. Olha para os lados, olha para baixo, nunca olha para cima. O homem coisa está sempre apressado. Ele sabe que é mais um. Ele sabe que é comum. O homem coisa, até tem vida. Nada tem do fora da vida, ele é dentro da vida. Mas é um homem coisa. Pensa coisa, anda por coisa, só fala de coisa, trabalha por coisa, só vive a coisa. Pobre homem coisa, tão rico de coisa. O homem coisa é hábil com coisa, seu valor é coisa. Sua crença é coisa. Sua tribo é coisa. O homem coisa celebra a coisa, goza a coisa, ri da coisa, ri com a coisa. Ele é coisa. A coisa é o ápice da nulidade. A coisa é o supra da mediocridade. Nada é mais coisa que o homem coisa. O homem coisa se acha a coisa! O homem coisa é tão coisa, que dificulta ser um lixo orgânico. O homem coisa é perecível. Sua validade é medida pela régua do vento, nunca do tempo. Ele não é sopro. Ele é sobra, raso e fraco. Tão coisa que dissolve. O resto humano é habitar. O homem coisa, passa, vive a se decompor, é reles, é greles, é coisa. O homem coisa joga na superfície.

Sempre me falta, por isso desejo. O meu desejo está no outro. Mas o outro também deseja o que está em outro. E no desejo desses diversos outros, tem o grande desejo que está no grande Outro. Sim. Esse é o movimento que movimenta os que passam na esquina. Sempre que ver um outro, pense que esse outro sempre terá um outro que se apossa do seu desejo. Nem ele sabe, até você também. Tudo que é aparente na esquina é um vazio inimaginável de vastidão imperceptível. Nada que vejo é significante, pois o que significa não o vejo, mas sinto. Sou subjetivo, minha subjetividade está alinhada, alienada com minha singularidade. Sou singular, não sou massa. Na esquina passa a massa, mas a massa se dissolve na unicidade de cada um que passa. Na esquina a máquina também passa. São tantas as bananas, uvas, goiabas e laranjas, tudo exposto, nos carrinhos de vendedores ambulantes. E lá está o que vende, e lá está o que compra. Por que a fada conta? Por que o lobo é mau? De que parte não me assusto, mas do que não sei, disso tenho receio. Justamente porque não sei, poderia não temer, mas é o não sei que temo. Porque o que não sei, penso que não sei, mas no obscuro do meu ser, até sei, só sei!

A esquina também é morada. Abriu uma fenda no meio dela, dessa fenda mina um lodo. Esse lodo deixa um rastro, rastro esse que escorre, percorre. Decorre desse lodo um córrego, este exala um odor. O odor se espalha, a princípio sozinho, depois se junta já no ar, invisível, com o cheiro que passa. O cheiro das coisas, o cheiro das ervas, o cheiro das frutas, o cheiro do homem, o veneno monóxido de carbono. Junta tudo num cheiro só, e nesse cheiro só, nada mais cheira, pois não existe ali mais um cheiro em si, mas um cheiro em todos. Na esquina passa o pé, passa a pata. O sapato, a sandália, a borracha, a ferragem. Tem o ferro, tem o fogo, tem a água, tem o lodo. Morada de tudo que passa, morada de tudo que é, morada de tudo que cheira. Morada das árvores. Morada do velho sobrado. Morada do córrego. Morada do tudo.

O hoje, abole o espaço e o tempo. Então o hoje pode ser hoje, mas não ser. Nessa contemporaneidade, abolimos cada vez mais, via próteses sensoriais (A arte de reduzir as Cabeças/ Dufour) o espaço, o tempo, o aqui, o agora, até o eu, o você. Tudo passa a ser relativo, subjetivo, virtualmente sensorial. Isso tem dado uma confusão. E nós no meio do imbróglio. A corrida hoje, na esquina ou não, é dual. Estou no mundo físico, mas também no virtual. Ambos são reais, ou não. Muito se discute aonde iremos, onde estamos. Eu digo, nem iremos, nem estamos. Vivo o hoje em dois mundos. Temos hoje esses dois mundos para descarregarmos nossas subjetividades, nossos recalques, traumas e angústias. Imaginas o por quê do imbróglio? Se o meu inconsciente já me dava um "nó" enquanto sujeito, na desenfreada busca do desejo do Outro. Imaginemos tudo isso, distribuídos em dois mundos, dois momentos, dois espaços, os mesmos autores, ora lá, ora cá. E simultâneo: sem tempo, espaço e pessoa, nenhuma! A confusa máquina humana, em sua riqueza de significantes, vive um tempo distópico. Muito trabalho para os "mecânicos de alma". O dizer não se limita ao dito. Ele não está todo ali. Somos muitos uns. Na esquina passam vários uns. Mas cada um desses, tem em si, sobre si, vários outros uns. Sou vários em mim mesmo. Sou vários para cada um outro ser. Eu sou único e singular. Mas no abstrato do meu inconsciente, posso ser e sou outros tantos. Não falo de rótulos lançados por outrem. Os tantos uns que me compõem são fragmentos inconscientes, geradores de desejos, angústias e sintomas. A alma tem suas paixões. O corpo somatiza tudo, ora indolor, ora com muita dor. As paixões da alma, em seus estágios imperiosos, me fazem ser o que aquele desejo impele. Tudo que aqui penso, executo e desejo, a despeito muitas vezes de um discurso até racional, foi construído antes, na alma. A alma constrói o que nem sei que sei. O desejo é sempre repetido, e renovado em cada um que sou. Até sou, mas na verdade o que sou, não necessariamente é o que penso que sou. O inconsciente tece um labirinto, a alma o traduz, muitas vezes em arte, nem sempre compreendida. Num terceiro estágio esse significante chega até esse eu real. Não tenho garantia ainda assim, que darei conta do que me veio. Ah meus uns, sou tudo isso. E que bom, que isso me move.

A esquina está deserta. Afinal é natal. Ah o natal. Lembro de muitos, não de todos. A esquina respira finalmente livre de todos e tudo. As gelatinas estão todas postas à mesa. Sim gelatinas de pensamentos, e a mesa o coração. Todos ficamos mais gelatinosos, quase gosmentos nessa época. A festa sendo preparada, os assados recebendo o ritual de cheiros e temperos, frutas secas, vinhos, espumantes. Quanta coisa gostosa, tudo no ponto para o banquete de logo mais. Os gelatinosos se refestelam em saudações melosas, grudentas, regadas a muitas salivas sebosas. Corações cheios de amor, contudo, sempre mais do mesmo, para os mesmos, desde que algum dos mesmos, não tenha passado para o vale escuro das minhas lamúrias. Esse vale não nos abandona, nem no natal. A gelatina de pronto se transforma em gelo seco, frio, duro, sem tempero, sem sal, sem gosto, só lamúria, só lamento, só murmúrio, só lama. Ah, mas é natal. Quero amolecer meu coração. Nada me fará mais duro, ainda que esse nada não seja tão nada.

Hoje resolvi não falar. Presumo um dia de trevas, no mais absoluto e nublado silêncio, mas não vou falar. Hoje só falarei amanhã. Terei minha mais tenra rotina, inclusive com minhas idas e vindas na esquina. Serei só movimento, um corpo que anda, que senta, que labuta, mas que não fala. Serei um luxo de silêncio, um tumular. Como será um dia inteiro, de intensa movimentação, mas de um não falar. É no não falar que terei a dimensão da tamanha importância da fala. Já faz tempo, um certo gênio, pai de uma certa teoria, descobriu a cura pela fala. Ah, sim Psicanálise meu caro! E das boas, genuína e pura. Como será esse meu dia de mudez? Será terrível. Quando falo da fala, falo óbvio, de quem fala. A fala só é fala de quem fala. Antes que me venhas com a história do "mudinho". Sim, porque o "mudinho" não tem fala como quem a tem. O "mudinho" usa outros meios no lugar da fala. Ele murmura, ele balbucia, ele gesticula bastante. Ele tem e faz trejeitos. Tudo isso é fala para o "mudinho". Se um dia ele também resolver passá-lo todinho sem "falar", ele terá que se abster de todas essas falas, não faladas, porém faladas. Tudo começou na esquina. Nasce a cada dia uma esperança na esquina. Também a cada dia, o dia é só mais um dia, vai sempre existir, até a existência, um dia existente. Sim. Acordei nesse dia, logo existo. Sim, existo. Posso até nos próximos dois segundos, não mais existir. Ufa, passou de dois segundos, ainda existo. Vamos de novo. Pode até ocorrer que nos próximos dez segundos eu deixe de existir, mas também posso continuar minha existência. Ufa, de novo continuei, treze segundos. É louco medir a existência. Independente de minha medição, existo. Deixarei de existir independente de minha medição. Nessa dupla de eus, qual dos dois deixa de existir primeiro? Qual acorda primeiro? Qual eu nem dorme? Meu eu inconsciente não dormita. E justo, quando meu eu consciente baixa a guarda, dorme, descansa é que esse meu eu, inconsciente, travessa suas travessuras.

Há vida no ar, há vida no mar, há vida na terra, todas separadas pela instância física, cada qual com suas características peculiares e naturais. O interessante como estes três mundos que fazem parte de um só mundo, vivem, sobrevivem e convivem em harmonia, respeitando cada qual o seu viver, mas eis que existem as confluências e encontros, onde teimosamente ou não os seres de cada mundo, visita o mundo do outro. Cá entre nós, você sempre faz parte do mundo de um outro. Ele aceitando ou não você faz parte, neste outro você exerce uma interferência de um outro, ou mesmo Outro. Não sou genérico, sou único. Tenho meus próprios elementos psíquicos. Sou singular. Não tenho uma fórmula geral, comum, igual ao outro. Sou um caso, uma pessoa, um corpo. Sempre serei um outro para o outro. Cada qual que passa na esquina é um ser único, singular e sozinho em sua estrutura psíquica. Quando nascemos, somos originários de dois. Cada um contribui com um seu todo e singular. O singular de um e outro me formam. Surjo, nasço. Saio do resto da mãe que ainda a tenho como eu. Quando o pulmão dá seu primeiro impulso sanfonado, começo a morrer. Me separo, desespero! Começa o eu único. Um "Infans" desprovido de sujeito. Começo a ser constituído como sujeito, sou único, não sou genérico, não sou mais pedaço. A linguagem me impõe o desejo e passo a desejar. Caminho da necessidade, desejo e amor. A angústia de uma vida morta! É dessa angústia que mata, que vivo sentindo. Vivo hoje só para alimentar a minha angústia. A angústia que mata, precisa da vida, como poderia fervilhar suas brasas ardentes se vida não houvesse para poder queimar a carne? Quanto mais vivo, vivo para manter o ardor dessa angústia que mata. Vivo uma vida morta, quanto mais avanço ainda, que em carne e osso, cada vez mais desnutrido e languido na alma, mais alimento a angústia que me mata. Não penso que todos que vivem, estão vivos na essência. A angústia que mata, mata antes que morras. Penso eu que vivo estou, até estou, mas vivo numa tragédia mortífera que dilacera as vértebras do inconsciente. É lá que ressignifico os prótons que alimentam com sua energia nuclear essa angústia de morte. Não há paradeiro, estou sem norte, onde vou, onde fico? Até penso em seguir, me alimentar, mas para que? Tudo que invisto no meu viver, quem mais se apodera e suga essa minha nutrição investida é justamente a angústia. Toda exaltação de minha ação orgânica, estenia, me ilude que invisto em meu viver, mas logo me deparo com cada vez mais robusta, essa angústia fálica. Fálica de falência múltiplas dos sonhos. Falência múltiplas dos desejos, falência múltiplas do querer mais. Não falência de falo, esse falo que significante da falta. Mas um falo de falibilidade humana de ser. O falo na teoria Lacaniana (psicanalista francês, Jacques Lacan, 1901-1981) não deve ser confundido com minha falência orgânica, muito menos com o órgão genital masculino, embora claramente carregue essas conotações. Hoje na esquina, numa tarde sombria e abafada, predomina o impotente desejo de ser, prescrito na mais evidente angústia de uma vida morta!

A esquina é minha. Não vi primeiro, não vim primeiro,

não tomo posse do concreto, tomo posse dos arredores, escombros e imaginários. Não tomo posse da gravidade, mas me aposso do que é grave. A esquina deixa um rastro de restos. Ela é um rasgo, um traço. A esquina não exclui nada, lá tudo se aproveita, tudo transita, tudo se imagina, tudo se sublima, lá é vida, lá é via, lá é veia. É muito bom ser maluco no mundo dos normais, ou mundinho sem graça, sem real, sem cheiro, sem irreal. Atravesso a esquina, bem no meio recebo uma saudação quente, bafenta, barulhenta, poluente, de um sei lá quem, que faz de sua pressa, sua razão. De sua buzina sua canção. Tem gente que usa o carro como corpo de uma amada, usa o ronco dos motores, estridente e chato buzinar como sinfonia. Tem gente que se deixa usar pelas coisas, pela matéria, pelo concreto, pelo papel, pelo metal, em fio e em vil. Uma das maiores segregações quase uníssonas e coletivas se dá na esquina. Ali eu segrego, sou segregado, nos segregamos a todos, numa quase maestria teatral, de uma arte sem cor. Não sei quem é esse que me é tão junto, tão perto, tão aqui, bem ao lado, na calçada, indo ou vindo, mas sendo esse mesmo, tão distante, tão aquém, tão ninguém. Somos muitos de ninguéns uns para os outros. Uma das maiores produções sociais da atual quadra de século, é justamente essa desenfreada produção de nadas e ninguéns. Só me iludo quando penso que hoje interagimos mais, somos algo mais que ninguém para alguém. Sou cada vez mais um ícone, um signo, um sinal, uma letra um algo a mais que se torna nada em instantes. Há muito que na esquina as redes sociais são presenciais de ninguéns, e não conformados em ser esse bando de ninguéns numa esquina, partimos todos para a esquina global de um mundo terá-lógicos, num total degredo à pobre Ana, à lógica. Um mundo hoje se divide em quatro esquinas. Em cada esquina dessas tem um punhado de milhões de ninguéns que se tocam, se veem, se amontoam, se unem na desunião, se curtem, se likeiam, se deslikeiam, fazem negócios, viram negócios, professam fé, inclusive no nada, brigam, mentem, matam e morrem, tudo isso presencialmente na esquina virtual. Não, não é o fim. A humanidade não se acaba assim.

Hoje chove. Esfria. Sombreia. Nubla. Retine a visão num campo sem luz. Mas ainda assim respira. Por que não? Uma nuvem tem cor, pois é cinza. Tem luz, pois a vemos, tem uma vida carregada de significantes. No caminho o solitário flerta com sua melhor companhia. O papo é bom e evolui para bem distante. São amantes, são cúmplices, fazem um pacto de não desviar para ninguém a atenção de cada um. Só eu e você, só você e eu, diz o solitário a sua companhia. Ambos fazem juras, fazem planos, lamentam juntos, mas se toleram. Pensam que é amor, mas sabem que é amor. Se dominam, se corroem, se divertem, mas sabem que no fundo não é amor. O solitário chega em casa. Tira a bota, abre a janela, bebe um copo d'água, desaba num velho sofá e cochila. Hoje chove. A janela aberta molha. A cabeça brota em sonho. O sonho domina, expulsando o que lá estava, onde estava e com quem estava. Sente medo. Fica feliz, pois o medo o faz acordar. Se sente mal, pois no sonho ela não estava. É muito chato quando fico cheio de sua ausência, lamenta ele. Acordei no hoje, que chato. Ao menos no sonho não era hoje, mas já que acordo no hoje busco por ela. Ah! Hoje amanhece bem claro, hoje amanhece enxuto, hoje amanhece como não tinha tido ontem, mas amanhece. E teve ontem. Se não o hoje não poderia ser hoje. O cheiro de café fresquinho cheira forte e bom, no imaginário. Vou lá, tentar fazê-lo nesse aroma do imaginário, ao menos chegar perto, sem queimar a língua.

Tem um monstro manco que atormenta. Triste, dia escuro na mente, claro nos olhos, mas escuro...esperei tanto por ele, sim, hoje é ele. Ele é sempre presente, mesmo ausente. Na verdade, a ausência é fruto de uma barreira que eu insisto em persistir nela, mesmo sentindo que não a possuo ou domino, mas é assim. O manco é monstro, mas é manco. Tal um rio com lama, seu escuro tem prazo para findar, fundando um retorno do claro, do límpido, ainda que se pague o preço. Ele cobra o preço. Ele é o preço, ele pagou o preço. Sim! Hoje deu vontade de falar nele. O ausente domina em presença, a ausência de sentir-se presente. O melhor de tudo, nem sempre chega antes, nem também atrasado. Ele chega sem demora, ele chega sem pressa, mas chega. Não confundo o monstro manco com ele. Ele é justamente o que combate o monstro manco. Todos temos um monstro manco atormentador, que nos faz sombra na escuridão dos pensamentos, levando-nos às vezes a praticar esses pensamentos sombrios. Mas sempre ele chega e limpa, clareia, traz luz e dissipa as negras nuvens que me assombram. O monstro é manco, é manchado, é sujo, fede a enxofre moído no fogo da lama. Insistente predador, ainda que sempre perdedor.

A esquina me faz elaborar, é lá que flui uma terapia de desejos, alucinações, viagens. Tenho transtornos sim, e estes afloram, somem, vêm em formas de pensamentos e destes, angústias, destas, sofrimento. Sofro de angústia quando não consigo idealizar o transtorno, só o sinto e ele quando vem, não tem aviso. Na esquina penso que penso a vida. Na esquina converso com o universo, com o universal, sem precisar conversar com ninguém. Ninguém sou eu, alguém está sempre lá, mas não preciso interagir com esse alguém. Na esquina não sei quem você é e esse é o barato. Não sabendo quem és, posso fazer de ti o que eu desejo que sejas. Olho para um, formulo mil opções de pessoa que seja este. A esquina é mágica porque esse monte de pessoas que lá circulam se multiplica em seres com roteiros que só eu faço para mim, e óbvio, eles também fazem uns dos outros. Quando tenho transtornos, é na esquina que tento me acalmar. Corro para lá, na esperança de sentir o bálsamo que alivia. Mas no engano da falsa paz, me vêm ainda mais os pensamentos assolantes, vivos, temíveis e terríveis. Não vou para esquina só de forma deliberada ou pensada, pois nem sempre sei o que desejo, diria até, na maioria das vezes não sei, ainda que quando sei, não sei, só penso, me iludo que sei. Acreditar numa ilusão faz opções, pois traz algo além da realidade. Na verdade, pouco vivemos ou fazemos na realidade. O real não é realidade. O real é da ordem do não percebido, não entendido, não sentido. Não há sentido no real. Real não é realidade. Real é o impossível, o intocável pelo senso, real é além do que se elabora no imaginário, no simbólico. Digamos que na esquina meu real atua. Meu ato analítico se dá na esquina, é lá que me deito no divã, e elaboro minha fala do real. Mas eu não sei disso.

Me desconheço porque nem tudo como entra, fica. Falando de som, falando de palavras. As palavras e seus sentidos, significados e significantes, entram de um jeito, fazendo-se sentido. Mas lá dentro são processadas pelo outro, e esse outro eu desconheço, ainda que esteja no mais absoluto recôncavo do ser. Não me importo pela fala que não escuto. Sei ouvir sem sentir, justa posto porque não sinto o que realmente entra, ou sai dessa escuta. O falar é a porta de saída. Todo falar sai cheio de sentidos, desejos e intenções. Sim intenções e desejo, pois o desejo que falo não é o desejo do falado, mas o desejo inconsciente, não sabido pelo falante. As intenções, aí sim, estas exalam o desejo sabido do falante, que pensa que sabe o que diz, consciente. O desejo desejado é desconhecido exatamente por quem deseja. Nem sei porque desejo, e por isso falo. Penso que uso, e uso. Mas também sou usado. É sistêmico só no ato, é igual só no tocável. E para por aí. Grite não. Esse "alto" não sobe, só perambula e perturba a corrente que deita no leito cruzante. Grite não! O grito que se ouve, não grita! Ouço o não dito. Ainda que algo dito, mas não o dito que se ouve. Impera dois dizeres. Tudo que é falado é bem menor do que se deseja. O desejo é falho na comunicação. Cada percurso é único. Uma fala que não diz! Não, não...não quero me ouvir! Calma, tente. Exijo que ouça meu silêncio, imponho a ti meu absoluto silêncio. Fale, fale, mas espere, não me diga nada, só fale. Estás com sorte, hoje é seu dia. Meu silêncio acordou hoje com uma paciência singular. Mas ele perde fácil essa paciência, e já te exige que fale, pois ele não tem tempo a perder. Ah o tempo, será que se perde? Não. O tempo é senhor de si, ele é reto, metódico, segue sempre igual, único e em frente. Psiu, sou repreendido pelo meu silêncio, e você nada. Fale, ele já se mostra impaciente e não demorará muito. Use esse tempo a seu favor e navegue. Nave que te guia, é essa sua fala que tanto espero. Fale sentindo, ainda que sem sentido, mas sinta sua fala e se dela poder dizer algo, então diga. Mas não se preocupe em dizer algo, só fale. Fale sem dizer. O meu silêncio será atento a sua fala. Eu darei sentido ao que escutar, e se não der, a responsabilidade é sua. Começo a falar. Meu desejo de fala, não é meu desejo desejante, são distintos e indiretos, inversos. Um é fala, o outro é falo. Um é faltante, o outro falante. Não sei se falo tudo, nunca falo tudo. A fala não se mede. Tudo ou nada, muito ou pouco. A fala é a falta simbolizada e externada. A fala é desconexa, conexa, exata, solta, vaga, mas é fala e essa fala, fala do que falta e essa falta é o que desejo. Se desejo é porque me falta, mas não sei o que me falta. Preciso falar. Minha falta me incomoda. Não porque me falta, mas porque falo sem saber o que realmente me falta. A o real, sei que é real, mas não sei o que é. São dois "eu's", um "eu", até comando, o outro "eu", não comando, mas esse outro me comanda. O outro me comanda. Sim o outro, mas não falo aqui do outro "eu", e sim do Outro. Esse Outro que me comanda, é quem dirige a minha fala, fala essa que não entendo, justaposto porque não sou eu quem sabe o que essa fala, fala.

Na medida que o sujeito avança, perde. A esquina não se repete, cada passo é único e não volta atrás. Até posso voltar ao lugar de antes, andar na mesma calçada, isso até faço com muita frequência, mas nunca essa volta é igual. A calçada pisada ontem não é mais a mesma hoje, assim como os passos, os pés, o sapato, o solo. Na repetição, cada ato é único e se foi. A repetição não é da ordem do igual. Repito sempre, mas em cada uma entram novos ingredientes, nuances, vicissitudes, e não me repito, ainda que na repetição. Vi um diálogo entre duas jovens senhoras, enquanto na esquina, olhando umas frutas, nos carrinhos dos ambulantes de frutas, onde uma dizia para outra:

- Você sempre reclama, mas só se envolve com homens do mesmo jeito, com as mesmas manias, tudo cafajeste.

Então, fiquei curioso na conversa, afinal, ambas me chamaram a atenção, e vemos que a tal moça se repetindo nas escolhas, mas ao mesmo tempo, não era o mesmo, sempre um outro, um novo, outra pessoa. E ela não estava deixando de avançar, de um para outro, e à medida que ganha outro, perde o anterior. Não ganho sem perder, não avanço sem deixar algo para trás, e o que fica para trás eu perco, no campo do sujeito sim. O imaginário é traiçoeiro, sempre me iludindo que não há perdas, mas há sim. Me deixo enganar fácil por um inconsciente traficante de desejos, manipulando ora o meu outro, o meu estranho, ora a mim mesmo, manipulando, iludindo, conduzindo ao real sem nó. Paro para pensar, pessoas passos a passar, pisando sem parar, na passarela da esquina, que se pode muito bem chamar de vida. A esquina é meu divã, na esquina me esquivo, na esquina me arquivo, na esquina engaveto, na esquina abro a gaveta, na esquina falo sozinho, na esquina falo com ele, na esquina posso ser o que eu quiser, quem quiser, quando quiser, como quiser, ora quero, ora não quero, só sei que vou, nem sempre sendo, mas indo. A terra redonda reparto em quatro gomos.

Amanheci hoje desintegrado. Se esvai de mim algo que insistia em me culpar por não ter sido o que queria ser, mas e se fui o que queria ser no meu inconsciente? Ah inconsciente, como me manipulas. Desintegro-me de mim mesmo, desse sujeito apegado ao fracasso, sujeito esse firme em não ser, mas frouxo em avançar nesse não ser, porém sou! Sou sim, sou aquilo que me constitui ainda que essa constituição se mostrou um trabalho torto. Mas é nessa tortuosidade que sigo me construindo, ou melhor, que meu inconsciente me constrói. Sim, ele é o construtor desse sujeito, sujeito torto, e absoluto em ser e viver essa tortura de ser torto. Não me torturo pela tortuosidade, mas talvez por não saber aceitar que o torto não é torto, desde que olhe pelo olhar interno. Desintegrar essa massa que se transforma em nuvem, não necessariamente brancas, ao contrário, bem cinza, mas o cinza da construção, porque o caminhar construtivo não se alveja no ato, mas no resultado. O ato é uma mistura de massa, água, ar, pensamento, tortura, erros, vísceras, falhas, falas. Ah as falas, falas estas que insistem em não dizer nada, adora poluir a nuvem acinzentando a compreensão. O branco? Impossível percebê-lo, pois ainda me construo. Não se constrói uma vida em um, dois passos. Uma vida leva alguns passos a mais, quedas e esbarros. Foi, não foi, esbarro num outro, quando na esquina, ambos apressados e destinados para um outro lugar. Nada sei de meu destino, mas sei que sou destinado e talvez nesse não saber, ainda que suposto saber, mantenho meu desintegrar do amanhecer. Cada dia fica um tanto, tiquinho, um pouco de mim no caminhar da esquina. Me desintegro da sola da cabeça ao topo do pé. Do alto de meu pé, consigo avistar um mundo abaixo, um mundo sorrateiro, sujo, fétido. Estou com vergonha de viver. Não bastasse o peso eu tenho o passivo dos meus. É impotentador viver sem poder definir rumos, os mais básicos imagináveis, de minha própria vida. A sensação é puramente de vergonha. Não tenho raiva, não tenho revolta. Não culpo o mundo nem as pessoas, muito menos Deus. É pura vergonha, e isso basta. A vergonha domina os sentimentos e agonia o pensar. Ela se impõe como uma flecha, não dando opções de defesas. Até que tentei construir um ser que fosse menos mal, mas é ilusório, não construímos nada. Tudo se constrói movido por uma força maior do que somos. Nada se constrói, tudo é construído. Não, não há revolta, muito menos raiva, já disse isso. Desola e entristece, mas não há espaço para a raiva, ainda que seja mal. Predomina a decepção. É pura vergonha, e isso basta! A rua parece vida, a vida parece rua. A gente pisa, caminha, corre, devaneia, vai, volta, caminha, descaminha. Olha o que nos atrai, desvia o olhar do que nos contrai. Distrai, se esvai... É a rua. Na rua eu brinco, eu trabalho, eu corro, socorro, discorro, incorro, e vou, mas também volto. A rua é plena de relações. Na rua vai o humano, vai o mano, vai o cachorro, vai "baleia" (cadela de Vidas Secas, de Graciliano). A rua fala. Escuta. A rua diz quem sou, diz quem és. Diz quem ele é! Rua pulsa, vida pulsa. Na rua sou alguém, na rua sou ninguém, na rua ele é, na rua também não é. Na rua ele nasce, na rua ele morre. Na rua tem lixo, não tem luxo. A rua é rica, a rua é suja. Na rua tem o sol, tem a lua, cai a chuva, tomba a nua. Na rua o "Zé Ninguém" e o "doutô" passa também. Mudo de calçada, até de rua, mas caminho a passos largos, entrando em outra rua. Na rua tenho afeto, na rua me afeto. Na rua nasce o feto, na rua morre o feto. Na rua ela vagueia, caminha de lado a outro, soberana em presença. Quem é ela? A morte. A rua é lugar senhor dessa senhora indevida, indesejada, ou mal desejada. A morte é uma senhora da rua. Um dia vejo na esquina, conversando um trio bem comum: Zé Ninguém, Toupeira e Pé Rapado, quase três nadas, na unanimidade classificatória dos intelectuais de melecas. O intelectual de m adora a miséria, sua mais comum matéria prima, todavia odeia o miserável. O intelectual de porcaria usa, abusa, desusa, se apodera, classifica, rotula e faz extratos do miserável, porém bem longe da esquina. O intelectual de meleca teoriza o sangue, a doença, o esgoto, o rato, o lixo, a difteria, a ameba, a violência, o tiro, a facada, a paulada, o tapa, e tudo isso é vida passante na esquina, mas o intelectual de meleca não pisa na área.

Um falto de inteligência e sapiência, porém obediente, ou um gênio indomável, trabalhoso até as têmporas? Um bode em meio às ovelhas, ou uma ovelha em meio aos bodes? Um touro brabo do lado de lá da cerca, ou uma vaca leiteira, do lado de cá da cerca? Um reto parado, ou um torto agindo? Um barco aportado na beira do mar, ou um barco ao vento, em alto mar? Segurança, ainda que medíocre, ou um risco motivador? Vejo todo tipo de gente trafegando na passarela e um dos meus exercícios preferidos é justamente definir quem é quem. Isso para mim, em meus pensamentos, mas não deixo de fazer, imaginando sobre o desconhecido e mais ainda com os que conheço. Troco um tantinho de prosa com alguém, e lá vou eu, pós conversa, já rotular aquela pessoa, e aprofundo ao ponto de ter aquela pessoa definitivamente como acho que ela é. E você, eu, já não somos mais um, mas uns, pois és, sou, conforme com quem interajo, falando ou não. Não sou só esse que penso quem sou. Sou o que você pensa quem sou, e ainda sou o que realmente sou. Nem sempre o que penso que sou, sou. Somos, sou, apesar de único, singular, um sujeito, uma trajetória de relações. Sou trajetória, sou relações, sou interações, sou ações, sou impressões, sou expectativas, frustrações, sempre incompleto, faltoso, faltante, presente, ausente, disperso, concentrado, diluí-do, desnatado, anêmico, colérico, enérgico, fugaz, incipiente, sem açúcar, sem sal, salgado, açucarado, molhado, seco, quente, frio, limpo, sujo, ativo, passivo, animado, inanimado, falante, calman-te, pilhado, pimenta, profundo, superficial, iludido, ilusionista, al-quimista, crente, descrente, cético, ético, belicoso, fogoso, raivoso e sou, e vou sendo, indo vivendo e sendo vivido. E penso que posso rotular o outro, como me rotulam, sendo eu esse balaio de significantes. Um sujeito é o que um significante representa para outro significante. Um filósofo até disse que um sujeito é aquilo ao qual atribuímos ou negamos determinadas características, ou seja, lugar vazio. Qualquer atributo que sobre ele recaia não pode lhe servir como representante último, pois o próprio sujeito pos-suiria a capacidade de colocar o mérito do qualificativo em xeque e, se necessário, descartá-lo, portanto lugar vazio. Se falo solto, do nada, João! Sim, que tem João, não é nada. Agora se me refiro ao João, dono do mercadinho lá no bairro, aí esse João existe. Eu sou aquilo, essa é a verdade. Eu sou aquilo que um significante repre-senta para outro significante. Eu sou aquilo, sim aquilo que sou, que pensas que sou, um significante. Nada além, só tudo isso, uma sequência de significantes, isso sou, justamente onde não penso que sou.

A morte não faz barulho. Viver faz barulho. Não tenho o domínio que penso que tenho sobre o meu barulho, sobre o que digo, faço e penso. Sabe quem está ao meu lado, ao centro e na minha retaguarda? O outro. Onde tudo parou, onde tudo estacionou. Onde fiquei e não percebi que parei, lá é onde ficou meu sonho sonhado acordado. Estacionar na vida não é ficar parado na carne, ela se movimenta. A carne faz, anda, passa, fica, levanta, deita, acorda, dorme, mobiliza e é mobilizada. Mas ainda nesse movimento intenso, estou parado. No movimento parado, o que está estagnado é o mover da virtude que faz prosperar. Em mim prospera a estagnação do movimento inócuo e esvaído de massa. Louco é você que acredita na sua insana sanidade. Sanidade é mobilização do eu em detrimento de um adoecimento prepotente de potência. Sou potência ou tenho potência? Não sei, ora, se soubesse não te perguntaria. Qual meu papel na minha vida. Não é loucura que atrasa, que destrói, que elimina. A loucura é ativa, a loucura é potência, e nem por isso a potência da loucura é boa. O mentiroso não é louco. O facínora não é louco. O desonesto, mau caráter, filho de uma cadela vadia, não é louco. Louco é louco, louco é ético na sua frágil constituição desejosa. Louco é faltante também, onde sua falta está sempre sujeita ao acaso de um sujeito faltante, carente de significantes que desfilam na sua existência. O preço de ser louco é a companhia indesejada dos não loucos, mau caráteres revestidos de covardes loucuras. O covarde é falso, o falso não é louco. Ser falso é uma deliberação voluntária de racionalidade. Na obstinação da linha de chegada, me arranho no processo da caminhada. O problema é que essa linha de chegada não chega, e quando chega, recomeço, isso é desejo e desejo não se realiza num desejado obtido.

Um rato, uma barata, um urubu e um mosquito fazem uma convenção. Eles assumem a esquina, os passos, a passarela. Ficamos isolados, cada qual na sua toca, nós humanos. Eles assumem as ruas. Sim, enquanto nós nos acovardamos debaixo, escondidos, em nossa vital covardia, letargia, maresia, anemia moral, e coragem de um borrado, os peçonhentos, nojentos, venenosos, ladrões, contaminadores, tomam o comando da esquina.

Estes apoderam-se de um direito que nós damos. Eles destroem tudo pela frente, numa fome insana de poder. Eles minam nossas estruturas, fazendo furo no nosso estado de ser. Minha letargia e coragem de um borrado faz de conta que eles não existem, mas no fundo sei de suas existências, de suas peçonhentas e asquerosas vidas, doentes e transmissores de doenças. Eles estão por todas as partes, inclusive nos pesadelos noturnos, transmissores de assombros mal dormidos. Demos poderes demais às ratazanas. Fizeram, fazem e farão a festa da contaminação e do veneno. O rato e a barata, são animais de estimação do capeta chifrudo. Esprema uma barata e o odor satânico de enxofre exala no ar. O Urubu espreita lá do alto, na copa das árvores, esperando nossa produção de lama, lixo e podre, do dia. O homem produz três coisas todos os dias de sua existência: lixo, lama e podre. Até eu mesmo, cada dia, fico um tantinho mais podre. Negamos o fedor, odor, nojento e podre, porque no fundo somos isso. Nego o que sou porque sou o que não penso ser. Essa minha escrita me dá suporte ao pensamento. Somos caídos, nos fazemos cair, somos a queda do outro, pelo outro, para o outro. Nessa sequência o outro também é minha queda. Então Deus criou esses seres nojentos, traiçoeiros e peçonhentos, transmissores de mazelas, doenças e desassossegos. Deus criou para o homem sua própria maldição. O não louco tem vestígios de uma sanidade maléfica. A sanidade é muito desejada pelo homem que não come ratos, mas os ratos comem esses que se dizem sãos, ainda que carcomidos pelos peçonhentos sem sentir. Quem deu poder ao rato para roer a roupa do rei de Roma fui eu. Não adianta a rainha ruim resolver remendar. O rato roeu o rei. Na esquina se produz todos os dias, o alimento que fortifica o poder do rato. Eu tenho um corpo, não sou um corpo. Eu sou eu e meu corpo é meu, por isso não sou esse corpo que habito, tenho um corpo para fazer morada em mim, ele me habita. Minha relação com meu próprio corpo é uma relação de estrangeiro. Não falho por acaso. Toda falha tem um propósito elaborado nas entranhas escabrosas do inconsciente. Sou falhado, ser falho, já na minha constituição. Eu não sou minha constituição, mas constituído mesmo antes de ser. Não dei poder ao rato porque eu quis, dei poder ao rato porque eu fiz. Não fiz sabendo, fiz fazendo. Não necessariamente o meu fazer se reveste de saber. Não sei porque eu faço, nem sempre o que faço é de meu saber. Eu não suportaria a morte, não fosse a vida. Mas a morte não se suporta, a morte se morre, e justamente por não a suportar se morre. Suporto a vida, sustento a vida. Tem coisa que não se trata de ser difícil, mas impossível mesmo. O corpo insiste em ser a resistência nessa vida sub-virtual. Sub, e não virtual integral porque somos virtuais de porcarias. O meu eu tem um eu virtual, um eu subjetivo, um eu inconsciente que produz toda minha estupidez de vida. Na estupidez me faço vida, pois se tratando de humano, não existe via sem estupidez. Sou estúpido, sou contaminado, sou impuro, desalentado, desamparado, desnaturado, infiltrado, insalubre e inusitado. O rato deliberou, a barata levou, o urubu espreitou e o mosquito se picou.

Saio pela esquina, deixando pedaços de minha existência, fincando rastros de um eu atormentado ou anestesiado. Fragmentos de um ser que tem um corpo para habitar, fazer morada. Esse corpo é matéria e matéria se fragmenta, se expele, se extrai, se consumo, se gasta. Gasto todos os dias, ao passar na esquina, pequenos pedaços da sola de minhas sandálias de corpo. Piso o chão, piso a pedra, e meu corpo vai. Meu corpo é encenador das cenas que meu ser protagoniza na esquina. Ficam na soleira do passeio, fragmentos em pó de peles e pelos, rastros e pegadas de DNA, salivas no ar. Quem é maior, minha matéria viva, ou meu inconsciente, também vivo? Tenho um corpo, sou alma. Sou espírito e inconsciente. Sou sujeito que se assujeita, se compõe e decompõe. Mas a pergunta foi certa? Maior? Por que maior? Importa ser maior, se não se mede essa força de existência por tamanho, nem força, por que maior? Onde o meu corpo rivaliza com minha alma? Sou uma matéria viva, que possui uma alma viva, ou o meu contrário se impõe, compõe, decompõe e recompõe. Sou um composto decomposto em mim mesmo. Sou de barro, sou pó. Vim do pó, ao pó voltarei. Minha alma transfigura, prefigura e configura o que me compõe o inconsciente. Tenho um corpo que fala, ainda que sem poder nessa fala. A fala nunca será minha por inteira, pois ela dá sentido ao real, que vem do inconsciente e ao ser falada, não mais me pertence, se esvai ao outro. Nada é maior, nada é meu, tudo é falta. Sou feito de uma falta, que desejo, sem nunca satisfazer esse desejo, porque ele sempre falta. Sou um vaso incompleto, que mesmo antes de ficar pronto se quebra. O vaso eu, se quebra, se refaz, ou é refeito (como creio). Nunca volto à forma anterior, pois na quebra se vão pedaços, vem novos pedaços. A cada quebra ficam no ar, pedaços do pó que sou. Onde posso elaborar essa quebra que me é inevitável, e que me faz falta, porque sempre falta? O desejo do que me falta me angustia e faz ser falto, por ser falho, e o que me faz falho é essa falta que desejo. Sou barro, sou pó, e ao pó voltarei. E na esquina esse pó se esvai. É tão intrigante e ficando deixando, decompondo. Onde passo ficam rastros e restos de mim e nem percebo, que bom que não percebo, sinal de que não dói, e se dói, não sinto dor. Pulei daqui para ali, e fui. Fui porque quando ali, já saí e fui para lá. De lá, mais um salto, e acolá. E fui, e fui, e quando vi, voltei. Sim, voltei. O vagabundo perambula aqui e ali. Quem nunca teve a vontade-sensação de estar lá, ali, acolá. Só estar, só chegar, fincar o pé, olhar, sentir, respirar e sair. Nada de fala, nada de falo. Nada de palavras, nada de letra, só estar, respirar, olhar e sair. Onde agora gostarias de fazer isso? Isso, esse lugar mesmo. Chegar, pisar, olhar e sair. Já disse isso? OK, a vida é essa eterna repetição, ainda que do novo. Sim, pois repito no novo o que sempre repito. Sou um vagabundo andante, errante, radiante na lama do esquecimento visual do outro. Vagabundear por aí. Ir sem a obrigação de não saber para onde, e mais ainda, sem saber o porquê de ir. Um ir a ermo, sem se importar com o que encontrará neste ermo escolhido. Será que tens o luxo do ermo? Tem nada! Você? Duvido! O ermo escolhido é prerrogativa do vagabundo. Quem não se dá ao direito de ser vagabundo, não pode escolher. Você não é vagabundo, pois você não escolhe aonde ir. Sabe o "eu vou ir" da criança que começa a ser apresentada as palavras? Pois bem, só ela e o vagabundo se dão ao direito de dizer: "Eu vou ir..." Você não, você é um escravo do não vagabundo. Quem não é vagabundo é escravo de um ser próprio, singular, que não é só, próprio, pois o outro o domina. Você não é nada mais do que o Outro deseja em você. Deixa de ser besta, tu não é tudo isso do que pensa que é, menos, menos. Eu sou capaz de não ser, isso sou. Minha capacidade de ser invisível me faz um rapaz. Minha fraqueza grita, louca para ser devorada. Não me devores desassossego, sei que abominas minha sanidade, amando minha loucura. Um louco cala. É meu direito ser contraditório, é meu direito ser não exato, ser um racional irracional. Reivindico o meu direito de viver o paradoxo de existência, pois é nisso que se vive e se pensa. Tudo que o penso me move e o que penso hoje, não necessariamente será meu pensamento de amanhã. Não é minha fraqueza mudar de pensar, pois pensar é mover-se e mover-se não tem caminho definido. Muito pouco, quase raro, ou quase nunca, o meu mover se dá em linha reta. Me movo tortuosamente, a vida é tortuosa, meu pensamento é torto e o paradoxo é a única certeza nesse movimento chamado vida. Estático, radical, uniforme, conforme, unilateral, ortodoxo, são formas de viver e pensar que não me diz respeito. Mudo mesmo, apesar de algumas raras convicções não serem mutáveis na minha existência. Nem a verdade me garante uma linha reta. Vou sempre dar um passo errado. Não são meus contrários que me fazem parar, mas meus incertos e medos. O que define minha existência é uma ambulante certeza de que não sou convicto. Que tolice essa de "minhas convicções..." É muito chato, sem graça, enfadonho, viver a ilusão da convicção. Por isso não existe liberdade absoluta. Acho até difícil que exista aqui no plano terreno algo em absoluto. Nem a matéria, a massa, a força, são absolutas, pois todas fracassam, definham, reduzem, desgastam com o passar do tempo, perdendo sua absoluta rigidez. Como posso me arvorar de absoluto se sou um caminho torno de existência? Em outro plano, daí aos que creem, há um em absoluto, mas nem esse goza de uma absoluta certeza e verdade, pois não é unânime. Não é covardia não ser convicto. Há quem associe rigidez e firmeza de pensamento com coragem de viver. Não, não, o inflexível não é mais homem que eu, é só um teimoso com preguiça de arriscar. Convicção, rigidez, absolutismo é tão somente preguiça de avançar, se mover. Do alto ilusório de meu poder de convicção, fico na estática da vida. Isso é que chamo de uma porcaria de vida. E mais, desconfie de alguém que não muda de jeito nenhum, esse com certeza, mente. Prefiro errar, prefiro ir, cada passo que dou na esquina, é uma tentativa pulsional de insistir numa vida que não sei o fim. Me comporto como que eterno serei. Fujo da morte porque pensar nela me leva a certeza, e essa certa não quero ter. O homem se sustenta em muito pouco. Não precisava de tanto para viver, pouco me bastava, ainda que insista nessa ideia teimosa de complexidade. Quanto mais complexo, elaborado, profundo, mais me sinto. Tolo que sou, não percebo que sou feito, afeito, refeito e rarefeito de defeitos. Sou feito de defeito. Muitas vezes fui e sou chamado de louco, maluco, estranho. É fácil chamar de louco quem tem coragem, quem pensa, quem faz, quem sai da caixinha. Só não pode confundir o louco, maluco, doido, com o mau caráter. O vigarista, vilanista, satanista, não é louco, ele é mau. O louco não é mau, o louco é quase que impuro numa pureza contaminada pela constituição do sujeito lá bem antes, mesmo de nascer. Nunca terei total domínio sobre quem sou. Domínio, outra palavra pretensiosa e idiota. Freud já disse lá atrás, século passado, que o homem não é senhor em sua própria casa, ou seja, na sua vida. Aí venho eu, um imbecil quase maluco, achar que domina alguma coisa, até mesmo a vida. Sou dono do meu nariz! Sim, posso até ser, desde que meu nariz não saiba. Uns mostram as doenças que não têm, outros dissimulam as fraquezas que não aceitam. Uns são histéricos, outros obsessivos. Uns fóbicos de suas existências, outros ilusionistas em desejos. Não desejo o que quero, pois não quero o que quero. O importante é redescobrir o ponto que a linha se soltou e começou a desalinhar meu ser, desnovelando o tecido existencial. Siga o fio, sem puxar, e terás o começo do desalinhar. Para cessar, corte, queime, tampe, mas nunca puxe, se puxar agrava e solta mais. A vida é uma peça de roupa, costurada por vários fios finos que na junção e acúmulos destes, vai surgindo, ganhando forma, envergadura, corpo e eis que é estabelecida uma peça de gente. Com o passar do tempo e em muitas andanças pela esquina, vou me puindo em desvelo sem fim. O pano da vida junta os fios, se forma, transforma, ganha cor, ganha vida, ganha folêgo e segue. Como pano que é, se pui, desgasta, rasga, fere, remenda aqui, remenda ali, e vai, e vai. Com o tempo e o muito lavar, perde cor, ganha dor, perde viço, ganha vinco, desvinca, e vai, e vai, e segue sua sina de peça usada pela vida.

Cuidado com o cuidado que te tenho. Nem sempre te protejo em cuidar, mas no muito, te protejo de mim mesmo. No medo que tenho de mim, cuido de ti para que não sofras de mim. O que sei de mim basta para assombrar-me ao ponto de proteger quem por perto está. Se amo então, é que a angústia acentua. O medo é um espírito e não é um espírito bom. O medo aprisiona, amarra, coloca correntes nos pés, grilhões de ferro, tornozeleiras de culpa. O trauma tem vida própria. Quando o trauma se instala, ele estabelece um agora, um marco, um ser de hoje, que vai além de meras recordações. O trauma angustia e assola a existência, predominando minhas atitudes inconscientes que me definem. O meu humano insiste e resiste afim de não ser destruído por esse ser vivo e atual que é o trauma. Muitas vezes o trauma ganha corpo, musculatura e se arvora de um poder sem fim. É muito cômodo dizer ao outro que esqueça o passado, sim até é possível esquecer, mas o trauma é um passado que vive no hoje. Ele só é trauma porque é hoje. O fato que o gerou, esse sim foi no passado, mas o trauma vive alimentando-se de meu presente, ainda que nascido em um passado. Quem me consome no hoje é trauma de um fato que foi lá atrás, no passado. Alguns a vida não chega ao ponto do relatar, traumatizar, atazanar. Esses não dão sorte, ou dão, não sei, de ainda que prisioneiro de um trauma, viva mais longe, se distanciando a cada dia do fato gerador do trauma. Não é meu trauma que me faz ser perigoso, ou é? Cuidado, não se aproxime muito, você pode se machucar. Venha de vagar, pisando leve, atenta e pronta para num instante, fazer uma manobra de recuo acentuada. Fique o mais perto que seu longe seja possível. Não se distancie tanto ao ponto de não me ver, mas não chegue tão próximo ao ponto de me ter. Faça um barulho silencioso, austero, onde seu grito me faça ouvidos de um surdo, mas que ouça seu chegar. Me toque com a leveza de uma prensa, na aspereza de um algodão inflado de ar morno. Movimente-se bem pertinho, ao som de um bater de asas de uma borboleta, solta ao vento de um ciclone tempestuoso. Se aproxime, venha, não tenha medo, mas não acredite em mim, não confie. Me reduzir unicamente ao meu corpo é de uma estupidez digna de uma ciência morta, regida pela única saúde possível que lhe apraz, a do fio metal. Tenho medo do corpo que se aproxima, pois esse faz o movimento que faz ferir, sangrar a carne, molestar minha pele. Mas esse corpo que assassina não comanda seu ato. O ato é mortificado numa ação que rasga o sujeito ao meio. Se eu fosse louco saberia sentir minha loucura, não você. Não confie em mim, não sinto que sou louco. Loucura não é para sentir. A minha voz não denuncia quando vou silenciar o meu ato. Eu não sou uma doença. Eu não sou uma crença. Eu não sou uma esperança. Eu sou agora, eu sou para hoje, num ato de instantes, e pronto, agi. É para já, e pronto, aqui estou com minha lâmina afiada de dois gumes. É doloroso viver minha singularidade deformante. Conforme deforma-se em lampejos de delírios, vivo não eu em mim, mas um outro avassalador, repressor dos costumes, ditador das mais brutais atitudes, sempre nunca compreendida por quem recebeu o desfecho do golpe. Não é culpa minha a ferida que me marca. Posso ser o responsável pela cicatrização da mesma, mas ela abre e fecha, não cura, ela dura. Eu tomo a palavra do jeito que posso, fazendo sempre o que entendo como o meu melhor. Não tomo a palavra de modo sincrônico, paciência, pois é na minha anacrônica fala, que expresso muitas vezes um não dito. Não sou cronológico, sou lógico de um tempo singular que me faz sujeito, errando no tom, no modo, no peso e principalmente no tempo. Sai daqui o quanto te podes achar. Não se aproxime muito, ao ponto de se queimar no gelo de minha fúria, nem se distancie tanto que não sintas o calor de minha amabilidade. Não sou louco, nem idiota, muito menos ingênuo. Se afaste não pelo que não sou, mas pelo que posso ser, sem me dar conta e ainda não me responsabilizar. O cuidado que tenho é amor, não garantido ser sem dor. É quase impossível amar sem doer, beijar sem molhar, tocar sem excitar, entendendo excitar ora de corpo, ora de alma. Uma alma quando exulta de alegria, não deixa de ser uma excitação subliminar. Não tenho déficit de atenção, ao contrário, sou ligado e atento até demais, demasiado em estado de tensão. Sou quase que escatológico quando não vejo em mudança de ser, o meu destino. Não me importo muito com destino, pois um trauma me consome desde o ontem de um ato. Não é imperioso um pessimismo, mas um realismo cético, desprovido de esperança bestial, até mesma, idiotizada e romantizada. Esperança é a última que morre? Nada disso, quem morre por último sou eu. A memória não é confiável, ainda que ofereça lembranças boas, em momentos ruins, ela sem responsabilidade alguma com o estado emocional de momento, também traz à tona o que não queríamos lembrar. Vem de lá, bem longe, da infância, primeira infância, muitas vezes, as lembranças em forma de trauma. Não é uma pessoa normal, se é que existe alguém normal, quando não se tem algo recalcado lá nas profundezas de seu inconsciente, não existe vida adulta sem infância e infância é quase que sinônimo de algo recalcado, às vezes, mais de um recalque. Um ponto de corte numa sentença define certamente um destino, ainda que mutante em comportamento. Muita gente é básica na sua natureza de existir. Opções de vida, muitas vezes nos definem e muitos optam pelo mais fácil agir. É cansativo ser inquieto e inconformado.

Nem sempre vivo! O tempo vive por mim, em mim, sobre minha existência. Não estou onde me acham. Não estou onde me sentem. Não estou onde me pensam. Não estou onde me desejam. As palavras, a letra, o pensamento, o imaginário me são onde não sou e estou. Na existência não importa o tempo e o lugar. Desde que um dia eu fui, eu sou. E nesse ser de existência deixo rastros, deixo marcas, sou marcado, faço história, sou historicizado, sou parte de uma cultura civilizatória, de um meio, de uma sociedade, de um fenômeno de sopro de vida, de um conjunto de seres e coisas. Não me é necessário estar para ser. Não sou mais limitado ao meu corpo presencial. Sim, até me faço presente, quando ausente, mas trata-se aqui de uma presença virtual, mental, inconsciente e imaginária. Sou uma existência que não me pertence. Não posso impedir que o outro pense, fale, elabore, rotule, defina quem sou. Eu sou um, que se multiplica em vários um "s", no que o imaginário do outro me tem. Eu sou da ordem do real, porque sou do impossível apreensível na totalidade. Nem mesmo eu me tenho por inteiro. Não posso dizer que tenho a absoluta totalidade do meu ser, se esse ser por muitos é imaginado e simbolizado. Sou o real do impossível. Não preciso estar para ser. Sou imaginário, sou simbolizado, sou real. Sou invisível aos olhos que se tapa, mas mesmo assim sou visto pelo semblante que memoriza minha existência. Só existo porque você sabe que existo. Por mais que meu desejo se apodere de mim, não desejo por mim, mas o meu desejo é o desejo do outro. O outro me deseja, o outro deseja por mim, o outro me espelha e me faz eu. Nem sempre vivo, o outro vive por mim numa existência que elabora e atua num conjunto social que luta a sobrevivência da vida, não só por carne, mas por arte. O preço de ser é pago pela verdade que fazem acreditar que sou. Fui constituído bem antes de nascer, até mesmo definido em lacunas e placas de conceitos. Não é simples ser você, ser eu. Levamos em um só: corpo (carne), alma e espírito. Somos três em um. E tudo dentro de um sujeito do inconsciente, que nada é além de significantes sem garantias de nada. Não é fácil ser eu. Falo por mim, não por você. Não é nem por causa dos dias terríveis, esses fazem parte, basta estar vivo. Dias terríveis são pimentas nos olhos, logo ao acordar. Ser eu me consome, me some, me soma, me divide. Ser eu, em três, quatro, cinco, sei lá, é pior ainda, pois a guerra é grande entre esses vários. Uma carne que corrompe e só tem por objetivo me ferrar. Ou você espera algo bom de sua carne, de seu corpo? A carne já nasce sabendo que virará pó, ficará podre. Já apodrece a cada dia. A alma, sente, esbraveja, faz beicinho, chora, dá escândalo, se acha a mais das injustiçadas, e grita, grita e grita, pura emoção, nada além em essência, só emoção imaginária e simbólica. Ou alma incompreendida, injustiçada, na maioria das vezes, por mim mesmo. E aí tem meu espírito, enigmático, misterioso que só ele. O invisível presente que rege um bom pedaço, nessa guerra interior. Repreende a carne, tenta acalmar a alma, faz alertas contundentes. O espírito vai aonde não vou, faz o que não faço, crê no que não vejo, espera no que não existe e controla minha carne e minha alma. No espírito meu inconsciente é. O inconsciente é real em nosso espírito. A carne olha, a alma molha, o espírito chora. O espírito sabe que as obras e astúcias da carne farão pagar preço, e por isso previne, alerta. A alma? Ah, a alma vai na emoção, adora emocionar-se, banhada na adrenalina do perigo. Não é simples ser eu. Falo por mim. Nem você sabe o que você é. Virar a página é fácil, quero ver virar a vida. O ordinário vira a página, o extraordinário vira a vida. Na esquina passam muitos ordinários, alguns extraordinários, e o fenômeno se dá justamente na explosão silenciosa de vidas e energias, poluentes, excrementos, cheiros que se cruzam sem se cruzarem, porque são muitos, mas são insignificantes por serem imperceptíveis. O que vemos no real, são fantasmas perversos, neuróticos, psicóticos e nada sabemos. Somos testemunhas vivas, próximas, de fantasmas tão distantes. O que posso fazer com meu corpo? Tenho controle sobre o que meu corpo quer? A carne não tem escrúpulo nem compromisso com a ética ou mesmo moral. A carne, o corpo quer gozar, e goza, seja de que forma for. Gozar é a razão do corpo. Sim, o corpo só é corpo gozando, e não só o gozo fálico, sexual, orgasmático, o corpo goza desde que exista. O seu olhar para meu corpo, me faz gozar, você me perceber e se dirigir a mim, me faz gozar. Sua fala faz meu corpo gozar. Meu corpo goza. Meu corpo tem deficiência de cálcio, magnésio, potássio, vitaminas C, D, E, F, G, H, e deficiência intelectual, deficiência moral, deficiência ética. Digo isso porque às vezes meu corpo tem imensa dificuldade de conexão com meu intelecto, dificuldades especificas no campo da ética e mesmo da moral. Até tento ensaiar minha biografia, bem lembrada, catalogada no fichário imaginário de uma memória "sem falhas" e um repertório recheado de certezas achadas. Cronologia dos fatos, traumas, significantes vários, certezas e definições precisas. Sei tudo sobre mim, sei tudo de mim, sou isso, ponto. No divã da esquina nada disso importa, nada disso é verdade, nada disso interessa. Tudo que lembro de mim, tudo que digo, tudo que afirmo, relembro, atesto como verdades sagradas, são na verdade o que menos interessa, no que diz respeito de mim. Na verdade, não interessa o que lembro e afirmo, mas a pista do tesouro escondido que me levará a suposta joia rara a ser encontrada sobre o que verdadeiramente presume-se quem sou, está justamente no que não digo, no que não falo, no que não sei, no que não catalogo, no que não empilho numa memória "infalível" e prepotente. O não dito revela mais de mim do que o tão seguramente falado. Sim, sim, a fala importa e muito. Falar cura! Falar exorta, falar desnovela e aflora, mas quem disse que só se fala, falando? Quem disse que a sua boca e sua língua possuem a supremacia exclusivista da fala? O que escondo sobre mim é o que interessa. Somos muito visuais, em tempos novos, atuais, não basta ser, tem que parecer. Apareço logo sou. O que sou? Nem eu sei, mas me basta aparecer e parecer ser o que penso quero ser. Daí descubro que predomina em mim o parecer ser, e isso se torna tão obcecado que se avoluma, navega na superfície e tem o domínio de ser o que pareço e apareço, a cada dia. Isso me permite ser vários, ainda que nada seja. Meu juízo de mim mesmo é irreal em um imaginário que mente sobre mim. É mais fácil me deixar ser essa massa corpórea que acredita ser o que penso ser. Redundante, eu? Até pode ser, mas você já parou para pensar que não nos atemos a refletir quem realmente somos. No máximo temos palavras, frases prontas, que saem da boca sem sair do coração, sem sair de uma real reflexão, ainda que confusa, mas refletida. Vamos a eles: ah, eu sou assim; ah, meu defeito é ser sempre sincero; ah, só quero o bem das pessoas, ah, ah e tantos mais. Mas não se engane o bem que penso em fazer não faço, mas o mal que tanto abomino em palavras, essa faço. A verdade que penso falar, nem sempre é de mim mesmo que falo. Até é verdade, mas não sou eu nessa vestimenta. Eu escolho em qual onda energética vou mergulhar, ainda que equivocado. Eu escolho um caminho e rejeito outros, ou rejeito alguns caminhos, e só me resta um. Esse um foi escolha ou lei do resta um? Nem sempre é coração duro, frio, mas coração no lugar. O que te reveste a cada dia. Você acorda todos os dias e então, do que te revestes para seguir em mais um dia que tens, que te foi dado. Alguém te deu o teu dia que acordastes, creias ou não. Quem deu, você escolhe. Um velho foi arrastado para escuridão eterna. Ele tinha nos braços, insistia em ter nos braços, uma bela jovem aonde a mesma o conduzia ao buraco, sem toca-ló, ao contrário, ele quem a tocava, mas ela quem o conduzia. O mal, o perigo, o buraco nos envolve, convence e define, sem percebermos. Não sinto quando arrastado para o buraco, só vou. Nem tudo é sentido, nem tudo faz parte de uma lógica cartesiana formal. O sem sentido é uma força motriz que nos domina e pulsional. Sou pulsão, um tanto de vida, mas também, um tanto de morte, pulsão de morte. Essa pulsão me vive e me faz viver e ela não tem sentido, ela tem força e poder de conduzir-me ao não sentido. Nem tudo faz sentido. Nem tudo que sou, sei que sou.

Sopra um vento na esquina que dá sono, náuseas, demência, não sei, fico tonto, zonzo, atabalhoado, aflito, me falta ar, apesar de tanto vento, mas um vento que não alivia o sufocante estado de não sei o quê. Estou ficando sem ar, estou com aquela sensação que tanto me atormenta, um saco plástico na cabeça, um tampão na minha consciência que me tira o ar. Só me vem à cabeça que peguei. Peguei o vírus que mata, mata muito. Morro um pouco a cada dia, desde que dei o primeiro sopro de vida. Ah sopro, que delícia é poder soprar, respirar, inalar, soltar o ar quente e poluído que de mim sai, mas sentir o fundo do pulmão. Li de uma escritora dizendo que não deixemos que nos limitem. Mas o que é limite? O limite é legítimo? O limite mente? O limite é fixo? Tenho medo de morrer, não senhor. Tenho medo é de deixar todas essas amarguras, sensações e sofrimentos para os outros. Não vou levar comigo minha escabrosidade. Levo na morte, um juízo a prestar contas, ou contas a prestar em juízo? Nem o corpo levo, esse fica aqui, na terra, de volta ao pó. Antes de ser um ser social, sou um ser sozinho. Sozinho verso social, talvez. Dá para eu ser separadamente um ser sozinho e um ser social? Faço laço comigo mesmo, me enrolo, me enrosco, me dobro, desdobro num eu singular. Mas talvez não seja possível dissociar esse que sou em ser sozinho e ser social, ora um, ora outro. Não, não antes mesmo de eu pensar que sou, já me constituem sem eu saber, não me constituo, mas sou constituído. Não fui eu quem me planejou a vida, meu nome, os planos de minha vida. Somos uns animais domésticos, queira eu ou não. E um animal bem fraquinho, pois somos muito dependentes em tudo, inclusive a vida. Não se nasce soberano, somos nascidos pelo outro. Não se morre soberano, pois não fazemos menor ideia desse dia, desse momento, desse boom, findou. Pronto, se foi. Tem um intervalo entre o primeiro plebeu, o nascimento sem poder e sem controle e o último estado, uma morte sem saber, sem controle, sem mando. Esse intervalo é o que chamo de vida, e nesse intervalo que se vive, que se faz história, que se é historicizado. A vida é um intervalo, pois de onde vim não sei, até porque, não sei se era algo antes de vir ao intervalo que é vida e também não tenho certeza alguma para onde vou, depois de partir desse intervalo, chamado vida. Um louco não faz balada, um louco é embalado nos sonhos reais que giram em um imaginário lunático. Decrépito é o homem, lunático é o louco, arruinado é o que vive as sombras de uma árvore que não dá fruto, ainda que cheia de folhas seja, mas a folha seca, umedece, apodrece e vira húmus. O húmus vêm do podre da folha para a vida da larva. A larva nasce do húmus fazendo um ciclo de vida e morte. Humano é nascido de um húmus.

Laços. Onde faço laço, onde faço nó? Os sociais, na esquina nem sempre os faço, apesar de cruzar incessantemente com vários outros, mas sem fazer laço, muito menos nó. E familiares, quem é minha família para laço fazer. Não quero laço com você. Sim, você mesmo. Me ler não te dar o direito de laço fazer comigo. Não sei quem és e isso me interessa sim. Não saber quem és, não é de meu querer, desejar saber quem és, sim, é de meu querer. Faz tempo que a vida serpenteia minha existência na esquina. Estou com fome, estou com frio, estou aflito, estou febril. Suor escorre, a dor incorre, pensar sufoca, por isso grito em silêncio na esquina que ninguém me ouve, ninguém se importa. A porta importa se está fechada, a porta aberta te deixa passar por ela ainda que obscura torrente de incerteza lá dentro esteja a te esperar. Estou com um sufocamento no peito, uma angústia no olhar, uma tristeza no falar, um sofrimento no pensar, um calor no polegar. Sinto meus dedos das mãos arderem como fogo, queimarem como feridas. Amanheci até bem, mas ainda na preguiça do amanhecer, surgem notícias dilacerantes, cortantes, repugnantes. Sofrer queima calorias da alma. O mosquito fura e suga. A serpente fura e doa. Um suga meu sangue, outro doa seu veneno ao meu sangue, ambos me fazem mal, assim são os que cruzam comigo na esquina. Uns sugam, outros doam o que de letal tem. Só sei que estou muito triste hoje, não sei se sabe que está triste ou só se sente. A tristeza não é da ordem do saber, é do sentir, ainda que não tenha garantia de sentido, pois sofrer pode ser não senso. Queremos dar sentido, dar racionalidade, dar lógica, dar conexão, explicação, dar motivos a tudo. Nem tudo, ou melhor, quase tudo não tem essa exatidão de sentido tão apurada e lógica. Estou triste, estou sem laço, não sei com quem falo, e se tiver com quem, o que falo. Não sou obrigado a ser real (de realidade) em formas e conexões com o que espera o outro. Não é problema meu o que você espera de mim. Você espera o que você quer, e é de sua responsabilidade, tão somente sua. Ainda assim me importo, ah como me importo! Nada sou, nada faço, nada ajo sem que seja o outro a deliberar o que chamo de meu desejo. Não desejo é nada, porque o outro deseja em mim. O outro que não sei quem é, mas que controla, sabe o controle da vida, pois é, esse outro controla toda minha existência e é aí que difusa a confusão que tanto me assola e corrói nas entranhas do ser. Digo que não faço laço, mas não consigo ser sozinho sem o outro. Não faço laço porque esse outro não se apresenta em laço, em nó. Esse outro se estabelece, me constituindo ainda antes que nascido eu tenha sido. Ele constitui, destitui, inclui, exclui, explora, sacode, mexe, remexe, e eu na minha ilusão de ser, achando que sei o sentido de minha existência, nada posso naquele que me explora e usa, o desejo do outro, é o meu desejo. Não insista em tentar raciocinar de que outro falo, pois o outro sempre será um outro que deseja. Por isso talvez, conjecturo aqui, quando desejo, não me satisfaço, pois, um desejo chama outro desejo, e fico nessa achando que é laço.

Adultério é uma arte. Arte pintada em vermelho escuro, cheirando a enxofre, ainda que na fantasia, só cheira bom. Mas não, o que vemos é um vermelho fêmea fatal, um cheiro de pecado francês, um imaginário a mil e um gosto adocicado e frescor de sedução. Adulterar é trair primeiro ao traidor, sim, o traidor trai a si em seu ato de traição. Inseguro e fracassado, ele trai, ou ela. Na esquina vemos, percebe-se os olhares traidores em ação. Quando o olhar entrecruza com outro, vem no primeiro impacto um certo susto, de ambos, depois surpresa, e depois o inevitável jogo de cena, famoso charminho, uns mais dissimulados, distraídos e indiferentes, outros mais ativos, incisivos, diretos. Na esquina se trai. Na esquina se atrai. Na esquina somos o que de mais real somos, um sujo, um traidor, um nefasto ser abjeto, tão comum, tão humano, diria, humano, demasiado humano, como sentenciou Nietzsche. Na esquina se trai de manhã, à tarde, se trai à noite. São verdadeiros devotos da traição. Tudo perde, mas não perde a fé no adultério. Às vezes me pergunto: o tesão é na carne do outro (a) realmente, ou é o ato de trair que atrai e faz gozar? O adulterar, trair, é jogar o jogo do esconder, do fugir, do ficar na toca. Trair é viver um game real de algumas horas num local escondido de todos e do mundo, dois ali, juntos, sexuando e sozinhos, escondidos, uma sensação de fuga de um mundo que se vive. Algumas horas, e sai dali, da toca, da caverna do pecado, cada um para um lado, e pronto, de volta, seguro, ninguém viu, ninguém nos pegou em flagrante, vida que segue. Cada um segue seu trajeto e como testemunha, só o cheiro do sexo, de cada um, em cada um. O adultero tem vontade de quê? Fazer sexo com outra pessoa ou fugir do parceiro (a)? Ou fugir de si? Ou jogar o jogo de "estou vivo (a)", ainda atraio. Mas trair é trair mesmo. Realmente se trai alguém. O que faço com meu corpo não é só de minha conta. Jurei fidelidade no casamento, mas fidelidade de companheirismo, parceria, amor, solidariedade, um projeto de vida, mas não de meu corpo. Usar meu corpo em contato com um outro corpo, encostando-o em outro, permitindo ser tocado, usado, penetrar, penetrado, isso é trair? Se vou a academia e uso meu corpo contra ferros, pesos, aparelhos, bikes, esteiras, cordas, traves, estou traindo? Se uso meu corpo no mar, jogando-o indiscriminadamente na água, sentindo o sal, o sol, a areia que entra na roupa e se apega as partes íntimas, o ardor nos olhos de uma água salgada, onde esse mar se apodera por inteiro do meu corpo. Isso é adulterar? No jogo de futebol, minhas pernas e pés ficam ávidos, loucos por contato com a bola, numa busca incessante pelo contato, quase grudado com a bola, para depois chutá-la com a melhor e maior das forças, sem dó ou piedade, me livrando da mesma com todo vigor e avidez que se buscou seu domínio. Isso é trair? Fazer sexo não é um simples usar de um corpo afim de um prazer momentâneo, seja com quem e que tipo de sexo for? Então tá, cada um faça o que quiser com sua carne.

Resolvi vestir hoje minha autoestima, meu estado civil, meu estado de humor, minha conduta senil e minhas ilusões. Por baixo visto minha tristeza, nos pés as meias da solidão, e calço-as com a humildade. Ah minha roupa! Roupas da alma, roupas do inconsciente, roupas do consciente, roupas...o pijama da prudência está estendido na minha cama, para pôr logo mais. Cuecas de desejo, meias de aventuras, sapatos de medo, luvas de agruras. Chapéus desconcertantes, óculos inebriantes. Toalhas de carinhos, perfumes de esperança, escovas de atenção, cabelos de algodão. Sentindo forte presença, imagino libertação. Sinto um vento nas narinas e pingos de nuvem em brandas mãos. Mas de repente, me vejo nu! Desnudo-me de tudo que me faz sentir o calar da calmaria. A calma é quente. Um calor não biológico, mas um calor inconsciente. O medo faz suar, o ódio esfria. Não se odeia estando quente. O ódio é frio, é um gelo. O ódio congela todas as partes que me constituem em um ser. Nada de amor, nada de ódio. O sofredor exprime sua verdadeira dor no silêncio. Atento ao desalento, ele pensa que seguir é o sofrimento. Sofre porque não se incomoda com a erupção da alegria que um dia desejou. Até que ainda deseja, mas outro algo, pois o desejo não cessa. Aquele desejo que falta, chegará, mas o desejo da falta continuará. Como sofre o que de alegrias faz sua rotina maçante. A alegria é um tédio, é chata, é vazia, é burra, é inócua. Ela não é buscada, de tão mal sentida, mas mesmo assim, penso que a busco, mas não busco. Ah o sofrimento, esse sim, é forte, é real, é ativo e passional. Nos quer de todo jeito, só nos desejando e nós sem sabermos, o desejamos, porque dele vem o vigor que extirpa o sentido não desejante. O sem sentido é que importa. Quem disse que quero me desligar dessa loucura? Eu quero é ficar ligado, eu vou continuar nessa energia que me consome e constrói. Sou feito de loucura, ela me sustem e não apaga. Foge de mim uma paz que não é real. Essa paz não quero. De que me serve uma paz que não excede todo entendimento? Não, não a quero. Prefiro a paz dos loucos, pois na loucura reside um íon. No meu inconsciente pulsa um louco que não sabe, mas fala o seu real. Não existe um louco! Existe uma loucura. Agora mesmo estou vendo os galhos da grande árvore balançarem a frente das janelas do velho sobrado. Eles cantam, dançam e atuam para as janelas. Elas estão lá, as janelas, todas quietas e imóveis, assistindo aquele espetáculo dos galhos da árvore. Ao final do espetáculo, no último ato dessa apresentação, elas se abrem e efusivamente aplaudem a grande árvore. Fim do ato. Desse ato. Porque o show não pode parar, e outros virão.

Eis que ele voltou. O monstro que me atormenta, que pensava eu, quanta pretensão, que havia sumido de vez, volta com tudo e do mesmo jeito, nos mesmos propósitos, nas mesmas causas, e óbvio, provocando os mesmos efeitos, os mesmos estragos. Ele não é monstro porque é forte, gigante. Ele é monstro porque exerce o poder de me destruir e destruir o meio que me "acomodo". Ele é monstro porque é excessivamente chato, inconveniente, chegando a se apoderar de mim de modo sorrateiro, vil, sem aviso. O monstro muito me atormenta e prejudica. O monstro destrói o que tento construir. O monstro mina com astúcia o que penso que me curei. Mas ledo engano, não tenho cura para esse monstro. Tenho que conviver com ele, sem domá-lo. O monstro não se deixa domar. Ele me doma. Eu crio esse monstro, eu o alimento, aqueço o frio, alimento sua fome, limpo suas feridas, trato o monstro, enquanto destrato a vida. O monstro é senhor de si, e de mim. Se quero me livrar dele, não sei se quero. Se quero, não sei onde. Nem sei se ele voltou. Pois ele nem se foi. Ele tortura com seu sumiço, para no sorrateiro momento, atacar. Ele provoca estragos, e me faz morrer um pouco. Se são voltas isso que faço? Não. Isso é assim. Se contorna, entrelaça, dá voltas, forma um convexo, vai e volta. Isso é assim. E é isso que eu sou, mesmo sem saber que sou. Isso se repete porque sou repetição. Repito sempre o que não gostaria que se repetisse, mas repete. E volta, e volto, e não sinto que saí do lugar. Por isso a esquina, aqui me vejo, revejo, vejo de novo, e sempre numa nova cena, mas se repete, e volta. Me sinto cada vez mais firme em meu propósito de ser esse algo cansativamente repetitivo. O inédito, o novo me puxa para frente, a repetição me volta, em voltas. Em volta de mim mesmo, vejo o mundo se repetindo, ainda que diferente. E volta, e volta e volta. Meu outro eu, é aprisionado por mim, ou eu aqui é que sou aprisionado por ele? Ou ambos são livres? Ou ambos prisioneiros de um desejo que falta? Não abro mão de minhas dúvidas. É na dúvida que me alimento e cresço. O que sei já o uso, absorvendo o que me é útil, dejetando o que não me é. Mas e se eu não sei o que é para absorver e o que é para dejetar? Nessa busca, eu duvido, nessa certeza eu erro. Se acerto não sei, até porque tem um eu que fala, mas um eu que faz. Se fui à rua? Sim, fui e pisei a rua. Andei, desloquei, pisei.

Vou recortar o problema. Ele brota no nascer, ou ainda antes, pois nascer nesse exterior, não é o único nascer. Há vida ainda estando no mundo fechado fetal, ou se há! E desde lá, a semente começa a brotar, pois lá brota o ser, e o ser já nasce com o broto. O broto nasce ainda nela, pois é dela que vem a semente do eu. Eu carrego a semente e ela brota e ganha vida dentro de mim, e cresce juntamente. Toda história de um ser, tem no seu embrionário a presença da semente. A semente resiste e persiste, recendo todos os nutrientes, poluentes que os alimenta. A semente se robustece e se alimenta da própria vida do ser. Mas sempre será uma semente, e sempre ficará internalizada. Ela é de pedra. A semente atormenta, com seu crescimento, ela é pesada. Se desenvolve junto a ele, mas não para de crescer. O escondido desse peso, desse crescer, faz dela dominadora desse ser. O misterioso, submerso nas profundezas e sem clareza de toque, exerce sempre um domínio, ainda que não absoluto, mas domina em boa parte. A criança cresceu numa atmosfera singular frágil, insegura e sem a presença do outro. Mas ao mesmo tempo era entrelaçada por uma presença ilusória desse outro. Ilusória, mas "real", ilusório, mas insistente. Se não bastasse o imperativo da presença, foi demasiado em fantasia uma soberana e marcante inteligência. Forte, presunçosa e insistente. Todos faziam questão, imaginando ser bom, louvar essa inteligência. Ela fazia marca. Ela marcou. Ela dominou, ela se fez "real". E a criança acreditou que tinha essa suprema inteligência. Poderia até ter, mas a forma como se desenvolveu, tornou-se fálica e ardilosa. Ela armou ciladas para a criança, que já não era mais criança. O outro que foi ausente, se tornou excessivamente presente, iludindo com um mal-estar sem precedentes. O ausente foi presente, e sua presença foi danosa, apesar de ausente. A criança leva a culpa, o trauma, a dor, o sofrimento, para o adulto. Não existe adulto poderoso, dominador. Todo adulto é dominado, controlado, vivido pela criança que um dia foi. O adulto não é nada. O adulto é um escravo do que foi e sentiu essa criança que um dia foi ele. É, você sabia que um dia eu fui uma criança e essa criança ainda me é? Sou resto, sou desejo, sou entulho encalhado, guardado do que essa criança que sou, ou fui, ajuntou. O adulto que sou é um resto de uma criança que se torna má, por me fazer muitos danos. A criança que fui e ainda sou, escondida no adulto, é culposa. Mas o adulto é doloso, leva a culpa e responde por ela. A criança foi vítima do estrago feito lá atrás e no adulto ela se vinga, fazendo o estrago nele. Seria injusto pedir à criança que fui, que ela antes de me passar a minha vida, resolvesse o que de trauma ficou?

É sozinho que me sinto acolhido. Na mais profunda solidão ouço vozes. Não consigo estar livre, não estando só. Só escuta o outro quem sai da multidão. Multidão de si mesmo, multidão de eu's, multidão de conceitos, preceitos e moralismos. Não consigo te escutar na multidão de meu eu. No meu mais profundo vazio, consigo em não sendo eu, te escutar no que dizes, e também no que não falas. Só vazio de mim, posso escutar inclusive, e principalmente, o que não dizes em palavras. Basta respirar para ficar cheio de tudo que me forma. O tempo de encher e esvaziar não é cronológico, segue um tempo lógico, pois independe de idade, pois é um exercício singular no um a um. Leia um a um, não como um empate no futebol, mas um, de cada um, único, agora, hoje, neste tempo. Depois, mesmo sendo eu, não será mais a mesma coisa. Cada tempo lógico é daquele tempo, daquela fala, daquela escuta. Não existe uma sequência cronológica no escutar o outro, desde que vazio de mim, esteja eu. Só te escuto se no ato desta, não sou eu quem ali está. Por isso uma escuta psicanalítica é denominada, escuta qualificada, pois o escutador, o analista, se qualifica de não ser. Só não, não sendo, não sei, e em não sabendo, escuto o que será singular e inédito do outro. Interpretar só será possível, a posteriori, o processo de não ser e não saber, por parte do analista. Não te analiso com o que sou, muito menos com o que tenho. Quando tropeço, confesso! Seja em palavras, seja um tombo. Como a fraqueza grita para ser devorada. A minha fraqueza é minha. Não sou fraco, sou vítima. Não do outro, mas da minha fraqueza. Ela é minha e de mais ninguém. Você até tem a sua, mas a minha é toda minha. Não me vitimizo por fragilidade humana. A esquina é minha casa. Na esquina tenho a impressão de ter pedaços de tudo um pouco, pedaços de mim, pedaços do outro. Pedaços de pulsões, pedaços de libidos, pedaços de máscaras, pedaços de vidas. Pedaços sem juntar, são só pedaços. Em pedaços sou fraco. Em pedaços não sou inteiro. Em pedaços me despedaço em lamentos e pedidos de socorro. Sozinho se não estou em pedaços, me sinto completo. Mas sozinho não me basto para completar-me. Só sou completo, se você me acolhe nessa busca de meus pedaços, a fim de ajuntar num só eu. Na esquina volto, para catar, buscar, ajuntar pedaços de restos meus, espalhados em cada calçada. Um tanto aqui, outro acolá, e me cato, muitas vezes na lama, no lixo, no pó. Mas em me catar e ajuntar, é já o começo do fim de um despedaçar, e isso traz esperança de um ajuntamento de eu. Ainda assim não sou completo, e sozinho me sinto acolhido.

Sou privado da outra metade que reivindico como minha. Nunca somos todo, inteiro, absoluto. Sempre nos falta um pedaço do que imagino ser. Não é ter outra metade, mas ser. Sempre surge a impressão de que não sou realmente aquilo que penso ser e apresento ser. Sempre me falta algo, como uma sombra que me segue, sei que ali está, e de repente, some. Será a sombra só sombra, apenas isso? Ou sua sombra é minha alma que aparece quando quer? Sou ser faltante, bendita falta. Não sei se estou preparado para ter conhecimento e compreensão de meu todo. Somos incompletos, ser faltantes, desejantes porque nos falta. Seria um tédio não desejar a parte que me falta. Não tenho dúvidas, algo além do que sou me falta e essa falta não me faz falta porque desejo, e o desejo não é um simples querer, desejar é combustível, desejar é motor, é vetor, de um ser de linguagem que faz de sua falta um mais de gozar. O sofrimento da falta me faz gozar, por isso a angústia, sou de carne, venho da carne, a carne se forma em corpo. O corpo sempre dói, se contorcendo numa maratona de esticar e sofrer. Se for um corpo de mulher, então, esse sofre. Dizem que o corpo-homem não consegue aguentar a dor que um corpo-mulher suporta. Vou mais além, um homem, seja em corpo, seja em alma, não suporta uma mulher, não alcança uma mulher, pois A Mulher não existe (puro Lacan). A mulher vai além do que um pobre homem consegue alcançar, alçar em voo. A mulher não é além-falo, ela é além-homem. A mulher, ou mulher. O que dizer de uma mulher. Não existe a mulher, porque essa não faz conjunto. Mulher já complica nas diversas definições e teorizações, algumas malucas. Malucas para quem? Mulher não se define, mulher é indefinível porque não é possível fechá-las numa reles definição ou teoria. Uma mulher não se confina. Uma mulher não se reprime num conceito rebuscado, e quanto mais complexo o rebusco, mas longe está esse, da mulher. A mulher é sempre distante do que pensa um tal homem. Desde moço fiz uma escolha, nunca tentar, nunca mesmo, rivalizar com uma mulher no campo do inconsciente, do pensamento, da alma. Uma mulher não é decifrável. Uma mulher não é inteligível por parte de um homem. Dizia eu ainda jovem: não vou perder meu tempo rivalizando quem é mais capaz, prefiro já admitir sua superioridade simbólica, mas principalmente no real, e com isso ganho tempo e alguma vantagem. Quanto mais tempo se gasta, da parte de um homem, discutindo quem é mais, mais ela é e se distancia em sua superioridade de salto. A mulher nem mesmo superior a um homem ela é, pois ela não faz conjunto com outra mulher, muito menos com homens. Não dá nem para escrever sobre a mulher e esgotar o assunto. Não se fecha questão quando se trata da mulher. Gasto um tempo enorme, e não entro nem nos atributos de uma mulher, só mesmo na sua capacidade de não ser, e ainda assim, um ser que não é, mas é.

É penoso ser cético. Ser alguém que em nada sente, nada o comove, nada o move, nada o detém. Um nada até sem borda, pois a borda muito diz do buraco que se diz vazio. É sofrido, é sentido, é mastigado, é repugnado, é distorcido, é amaldiçoado, é desejado, é imaginado, é simbolizado, é real. É existente, é exigente, é animal, é gente. É alegria, alegoria, melancolia, melodia, é noite, é dia. É rã, é gia. Late, mia. É balde, é pia, é banheira, bacia. Cantiga, prosa, poesia. É endêmico, endemia, pandemia. Impregna, atinge, contagia. É real, racional, utopia. Beija o céu, lambe o mar, é magia. Faz chover, inundar, mas estia. Enfurece, é colérico, agonia. Quer voltar, quis ficar, mas saía. Nada disso, se é, jamais seria. Enlouquece, é repente, sumia. Vai em frente, amadurece, atrofia. Foi moço, foi vigor, envelhecia. Faz juízo, é moral, hipocrisia. Arrepende-se, diz que não, repetia. Vai embora, faz promessa, que voltaria. Não retorna, some para sempre, sumiria. Foi semente, fruto deu, apodrecia. Semblante, cara de mau, mas sorria. Fez sofrer, sofreu junto, sofreria. Apaixonava, odiava, amaria. Desejante, não todo, persuadia. É penoso ser cético. Final. O que é o fim, afinal? Finalmente paro para pensar o que realmente é o fim. O fim é enigmático. Uma hora o tememos, outra o impusemos, em outro momento o desejamos, em outros lamentamos. O fim é poderoso, radical, forte e até violento. O fim não negocia, é fim e pronto. O fim é chato, o fim é sofrido, mas também, alegria, desejado, querido. O fim é potente. O começo, ok, até começa, mas não se basta, pois ele sabe que seja quando for, terá um fim. Mas o fim não. Fim é fim, fim finaliza, fim termina, fim determina, fim finda, fim acaba. Ah não, posso terminar algo agora e depois recomeçar. OK, esse recomeço é outro momento, outra etapa, jamais a que foi findada. Não estou nem falando de morte! Nem quero chegar no radical dos radicais fins. O fim de um trabalho, de um namoro, casamento, objeto. Voltar, volta, mas não igual antes, pois recontrata, reata, retorna, remenda, recomeça, etc. Tudo com um retorno do que antes foi original, único, primeiro. O fim resolve muitas coisas, às vezes tudo. O pior dos fins é o fim da vida. Tão pesado que é a única certeza em vida. Eu já sei hoje, aqui escrevendo isso agora, que morrerei. Você nesse momento aí que lê isso aqui, já é um outro momento, claro, já posso até estar morto, mas você aí, agora, também sabe que vai morrer. Fim.

Não sou do muro, não vivo no muro. O muro é estreito, o muro é incômodo, o muro é vulgar e vil. Quem vive em cima do muro é covarde, é frouxo, é pequeno, é perto de um buraco vazio, bordeado pela linha da vida. Quem vive no muro não vive, ainda que vivo está. Até Jesus (para os Cristãos) disse, segundo a Bíblia, que o "morno ele vomita", antes frio, antes quente, mas morno, é para se vomitar. O vômito que vive no muro é um resto humano. Se diz só viver uma vez, e não nos é dado o direito de nessas únicas vezes, ser morno. Viver é condição, é condicionante, é condicionado pelo outro. Um certo cidadão, eloquente, voraz, abastado de Alcafozes, região central de Portugal, tinha hábitos estranhos e medonhos aos olhos dos pares. Ninguém conseguia desvendar o mistério de sua riqueza, sendo ele uma pessoa sem decisão. Nunca decidiu nada na vida, desde jovem. Não tomava partido, lado, posição. Era um ser que não gozava de respeito, sendo sua fortuna, sempre maior, o seu anteparo para não deixar de ser. Viveu muitos anos sem ter posição como cidadão, como filho, como irmão, como esposo, como pai, como ser. Na aldeia, na família, na vida o que o tornava vivo e lembrado era seu dinheiro, pois todos eram atraídos por este, e só. Não se sabe até hoje como viveu Ramito, assim era chamado. Como viveu e como se tornou um poderoso rico, sem nada ser, sem opinar, sem posição, sem atitude. Algumas apostas se davam de que na verdade, ele não era. A coisa metal, o dinheiro era no lugar dele. Muitos assim são. Não são, apesar de serem. Falta de conflitos. Equilíbrio ou combinação entre elementos que ocasiona uma sensação agradável ou aprazível. Ou sonho! Será? Sei não, mas meu palpite é que devido nosso desejo, ser desejante, sujeito faltoso, não desejamos o que se define como harmonia. Ausência de conflitos? Diria, impossível não conflitar na vida. E não é só porque o senso-comum diz que o ser humano é difícil, mas porque não desejamos não conflitar. Sensação agradável de puro prazer dura muito pouco, e já vamos na busca do que nos falta, nem sempre conscientemente. Somos seres faltosos, desejosos, rancorosos, maldosos, assombrosos e cabulosos. E nisso tudo, se sofre, se goza. Sintoma e angústia de mesmo desejo. Sofrer é bom porque o gozo dá na nossa cara o tempo todo. Somos tão desejosos de uma desarmonia, que quando ela não existe na realidade, fantasiamos a mais ardente das maldades, do outro, no outro, para o outro. Ser mal é inevitável. Até porque o mais perverso sujeito, não significa desprovido de total amor. O maior bandido, assassino que exista, ama no mínimo sua mãe, um filho ou uma mulher. O conflito excita uma libido repleto de fantasias injuriosas que faz gozar e muito. Gozar dói e essa dor é desejada. No prazer de sentir uma sensação agradável e aprazível, não se engane, doendo e sofrendo, jorra um gozo que faz ato. Não sou onde não me dói. Harmonia é amoníaco, mas não se engane, mata!

O gozo do silêncio. Que delícia é gozar do não falar. Ele em seu imaginário egóico sente uma aflição saber que há quem não deseje falar. Quanto mais se suporta, mas silêncio, quanto mais se basta, menos fala. É de um silêncio ensurdecedor que se goza. Na fala mato o gozo, no silêncio o gozo me toca, me realiza, o gozo se realiza em mim. Não tenho que falar. A vida se fez na fala, tudo se fez fala, "faça-se o…" e se fez. A fala tem poder, tem ação, a fala salva, cura, liberta, revela, extrai, desengaveta o escondido. O silêncio revela o que não vou te fazer vida. Se falo, dou vida ao até então escondido, ainda que existente, no silêncio deixo a dúvida e a opção de matar sem matar. Mato com meu silêncio, evidências, traumas e recalques que optei por não revelar. Se não revelo, não dou vida. O silêncio goza em mim, gozo no silêncio porque tenho domínio do que existe neste ato. É muito bom não falar. É prazeroso, gozoso e faz semblante. Um silêncio bem feito, duradouro, misterioso, até insano, tem um poder avassalador no outro. Domino o outro quando em silêncio me posiciono. A posição do silêncio pode estourar meu sintoma na carne, no osso, na pele, nas entranhas, e é esse sofrimento que me goza. O silêncio me goza! A voz! De quem é essa voz? Muito se fala do que se diferencia um ser de outro, por diversos objetos singulares. A voz faz parte, a voz diz de um sujeito, esse sujeito anteparado e amparado por significantes. Um sujeito que se faz simbólico quando advém essa voz que é sua, única e singular. A voz diz de mim, não só, pelo que expressa (conteúdo), mas como expressa. Meu expressar, dizer, apresentar e representar essa voz, diz muito de mim. A voz não é só timbre! Minha voz diz de mim, vem rasgando pulmões, traqueia, cavidades, garganta…e sai, e passa ao outro o que o Outro diz de mim, o que o inconsciente maneja no espaço escuro do até então ainda não dito. Mas sem garantia de que o dito será evidente, claro e compreendido. Minha voz diz de mim, mais pelo que é essa voz. A voz ecoa até quando não usada. Quem não lembra da voz de alguém, lhes sussurrando... A voz que meu analista escuta de mim, não diz de fato, mas diz dela própria. Quando escuto meu analisando, nem sempre percebo, compreendo, "presto atenção" no dizer, mas como diz, no som subjetivo, singular, único, inconsciente dessa voz. Sua voz diz mais. A voz do artista que representa no palco. A voz do que canta, a voz do tenor, a voz do professor, a voz do ator, a voz de dor, a voz de amor... A voz de socorro, a voz de desprezo, a voz de adorno, a voz de sossego, a voz de alegria, a voz que sofria, a voz que dizia...você só para realmente essa vida aí, quando sua voz calar, mas até lá ela dirá mais de ti do que imaginas. Mas imaginar é só o começo nessa "cadeia" de significantes.

O mundo é sujo. O imundo idem. Não sei de onde se tira o ariano, a raça pura, pois não existe nada puro. Nada é limpo, tudo é solidamente sujo, liquidamente imundo, consciente e inconscientemente nojento. É no sujo que se vive. Se no corpo, se na alma, se penso, logo sou sujo. Se nasce no sujo, se alimenta e se suja, de nós sai o sujo, o excremento. Se vivo estou, me sujo, excremento cocô e xixi, se morto fico podre, apodreço como essência. Sou sujo corpo, sou sujo alma, sou sujo enquanto vivo, sou podre depois de morto. Orifícios exalam sujeira, por onde o imundo interno se liberta. Penso também o sujo onde sei que penso, mas principalmente onde nem sei que penso. Aponto o sujo do outro, no outro para o outro. Sou tão sujo ou mais quanto mais aponto o sujo do outro. Mas prefiro bancar minha sujeira de desejo, bancando o "enojadozinho". Imaginário. Sua imagem é suja. Seu simbólico usa a linguagem do sujo, mas é no real (Lacan) que me encontro com o sujo que sou, ainda que penso que não sou, mas sou. E não, não me venha com essa de pensamento sujo é só libidinal. É mais, é muito mais, é monstruoso, é sádico, é repugnante, é frio, é calor, é falso, é traiçoeiro, é fedido, é fundido, é f... E não me venha com o sujo imoral, o limpo moral. Não é de moral que se trata, é da essência do humano, é do estranho que me habita, é do desejo que não canso de desejar, no desejo do outro. É do real (Lacan) que ele se manifesta no meu simbólico e imaginário. Eu vejo o sujo, eu cheiro o sujo, eu falo o sujo, eu ouço o sujo, eu toco o sujo, eu sou sujo! Ufa! E quem não é? Atire a primeira pedra aquele que não é sujo, pois nem morto escapa da sujeira. Quero o sujo, deito no sujo, gozo no sujo, amo o sujo, odeio o sujo, respiro o sujo que sou, aponto o sujo que és. Tudo que respira é sujo. O mundo é sujo, o (I) mundo sou eu. O mundo é sujo. O imundo é mundo, o sujo sou eu. Já viu quanta sujeira a esquina produz? A esquina é uma fábrica de imundície, da alma, da carne, do espírito. Nem um exército de incautos em mutirão limpará a sujeira que a esquina produz em cada canto. Sou sujo eu, é sujo você, basta passar e lá já fica sua sujeira. Um dia conversando com um gari que fazia seu trabalho de limpeza urbana na esquina, ele me disse – Senhor o que me dói não é a sujeira que fica no chão, que juntamos e recolhemos. O dolorido é a sujeira do que suja. Olho na cara do sujeito que suja e vejo o tanto de sujo que ele é por dentro. O sujo do chão eu recolho e reciclo, incinero, até adubo. Mas o sujo de uma alma precisa muita mais, para dali algo se aproveitar, quando possível. Muitas almas, infelizmente, só terão um fim. O fogo ardente. Caminha-se muito lentamente para o fim. Detesto esse caminhar. Não por ser lento, mas por caminhar, ainda que lento, para o fim. Tenho mesmo que caminhar para o fim? Fim de quê, o que é esse fim, que inevitavelmente vou caminhando, indo, sentindo? Sim, sinto as marcas que esse trajeto me deixa, marcas no corpo, marcas no saber, mas principalmente marcas na alma e consequentemente no meu "não saber". A decrepitude é inerente ao passar do tempo, pois ambos avançam juntos nesse processo falimentar da condição de ser. O que faço com isso, que sei que não evito, me pego não desejando, mas viajo junto? Sou um resto de mim, a cada dia. Nesse meu "restificar", faço a travessia de meu fantasma. Não para melhorar ou evitar o avanço falível, mas para me tornar justamente menos infalível nessa busca do que não sei. Pois quanto mais eu sei, mais resta um saber que não sei. O avançar, partir para cima, não é necessariamente um evoluir, mas um até, involuir. É no meu resto, no que me resta, que me apego para praticar um "des-saber" com mais afago e menos frustração. Esse fantasma atravessado é desconstruído justamente pelo sabor que me faço sentir de um não saber que me é rico, livre e bom de senti-lo. É no atravessamento, livrando-me do que resta de um fantasma, que me encontro a cada dia, cada hora, cada minuto, cada segundo, com o meu fim. Um brinde a esse fim. De uma trilha, faço um roteiro, de um roteiro, uma novela. De um barbante faço um novelo, de uma vida, uma querela. Não se vive sem lamento, não existe existência de um ser humano, falante, da linguagem, da palavra, que não invoque o clamor da angústia. Não se vive sem angústia, não é vida o que não lamenta em choro, a dor que faz sofrer uma alma represada, prensada no prumo de toneladas aos milhares, extraindo um sumo de profunda tristeza e dor. Desse sumo saí o odor, não da carne, mas da alma prensada num inconsciente fétido e supurante. Corante da dor é o sangue que corre não menos lento que o jorro em uma fenda. O sofrimento se segura na insegurança que é viver. Nada é menos seguro e incerto que viver. Viver é fácil, difícil é saber o que é viver. De muito nos apossamos, mas da vida nada podemos. É falada, é cantada, é sentida, é tirada, mas nunca se é dono da vida. Deus deu a vida, Deus tira a vida. Quem não crer, não creia, não tenha Deus. Se creres, verás. Verás o que? A vida, ora. Veja, sinta, toque, use, abuse, só não detenhas. O que mais fere uma vida é não se ter dessa vida algo mais que a fala. Fale dessa vida, que é por ti vivida. Viva essa vida, que é por ti falada. Afinal, não saber quando da vida se retirarás. Viver é fácil, não controlo. Nada mais realístico que uma ficção bem escrita. Fora do real de uma ficção, nada de interessante pode existir. A única vida feita ao controle do humano é a vida criada no roteiro elaborado, onde chamamos de ficção. Ou será a vida real, a verdadeira ficção.

Uma árvore não é um bife. Uma lasca, uma fatia, um filé. Uma árvore faz um boi, faz arroz, faz um rio. Uma árvore corta um leito, enche um peito, faz rebento, equilibra, purifica, faz sombra, faz onda, faz nuvem, faz nascer, faz brotar, faz escurecer, faz raiar. Uma árvore ilumina encanto da menina. Uma árvore faz vida, faz inseto, faz húmus, faz sentido, faz rumo, faz sinal, faz caminho, faz cidade, faz um povo, faz um morro, faz um rio, faz a terra. Uma árvore faz terror, faz fogo, faz morrer, enterra o morto, faz a casa, faz a casca, faz embarcação, faz comida, é ferida, faz sofrer, faz o berço, faz o móvel, faz a cama, faz a arte, faz assoalho, faz retalho, assa a espiga, cerca a terra, cria o dono, prende o boi, seca o arroz. Uma árvore morta vale mais que viva! Uma árvore vale mais quando é sim, um bife, um filé, uma picanha malpassada, uma costela assada, uma tábua amassada, uma arte, uma parte. Uma árvore tem mais valor quando é toda retalhada, serrada, sangrada. Uma árvore tem valor, quando não escorre mais de sua carne, o viço líquido da vida. Uma árvore plantada vale muito pouco. Uma árvore arrancada tem valor de vida. Da árvore morta faço o pau, do pau o porrete, do porrete a porrada, da porrada, jorro o sangue, desse sangue faço a morte. Para que árvore? Morra! Mate a árvore. Morra a árvore. Corte a carne, lance a flecha, fisgue o peixe, fure o boi, asse o bife, queime a terra, espalhe o pó, cheire o podre, não tenha dó, de lá viestes, para lá voltarás. Do pó não deverias sair. Pulsão de morte me define, pois pulsa o desejo de não ver essa árvore de pé. Acordo, ufa! Um pesadelo daqueles. Repleto de eu, cheio de você, tão familiar, mas ao mesmo tempo estranho nas entranhas. Sonhei assassinando uma árvore viva. Pobre velha árvore, tanto tempo, tantos passos, tantos pássaros, tantos pousos e repousos e eu, insólito, cruel, vil, assassinando-a sem piedade. Me senti a praga que se fez parasita nessa árvore sufocando sua vida em respiros. Uma árvore que tanto sopro de ar fresco dá, morrer numa morte tão cruel, sufocada na lâmina de minha perversa serra elétrica. Não, foi com um machado. Usei para ser ainda mais cruel, minha própria força, meu suor, minha energia de morte. Não basta matar a árvore, pois o meu desejo é usá-la ainda que já morta, no fogo. O fogo do prazer. O fogo que assa a carne, nos restos mortais da árvore. O prazer pulsional na morte de uma árvore e de um boi. Um faz queima e faz a brasa, assando o outro, derretendo a gordura. A morte me dá prazer. Ufa, era um sonho.

Minha carne não tem compromisso nenhum comigo. Nenhuma consideração e apreço. Ela é egoísta, narcísica, viciada e eterna desejante. Minha carne, meu corpo, na verdade exerce uma luta, uma guerra constante contra mim. É muita ilusão, até mesmo inocência de minha parte esperar benevolência e complacência dessa egoísta carne. A carne é vil. Muitas vezes sangra de ódio de seu ser. A carne não ama, ela odeia, ou pior, é indiferente aos sentimentos. A carne é invejosa, deleitosa e viçosa no seu único objetivo que é o agora. A carne sabe o seu destino, a decrepitude inevitável, as rugas, o seu encarquilhar em cada célula. A carne sabe que o tempo é seu inimigo feroz. A carne não é moral, a carne não tem ética, a carne domina um corpo sempre a desejar a carne no Outro. A carne corta, rasga, fere. A carne goza a cada corte, a cada rasgar-se, pois é desse sofrimento do ser que a carne goza. A carne sabe o seu destino funesto e podre. A carne apodrece antes no seu querer. A carne apodrece no seu sentido material. A carne não é minha. Me iludo que a tenho, que a cuido, que a trato. Até pode ser, mas sem garantias de domínio, de controle. A carne sabe o que lhe esperar, a carne sabe que seu destino é apodrecer, desintegrar e voltar ao pó. Por isso a carne é má. Minha carne odeia a paz que excede todo entendimento. Ela sabe que terá um triste e inevitável fim e não se faz de rogada. Ela maltrata, ela insulta, ela seduz, ela conduz, ela arma e não faz questão nenhuma de não correr riscos, pois é seu gozo, gozar até a morte. Dilema a parte, fazer-se arriscar a morte, sabendo que triste e terrível fim terá, prefere gozar enquanto viva, enquanto pulsa, ainda que seu pulsar é sempre em direção a morte. A faca, a lâmina, a espada, o fio, o furo, a foice, a peixeira, o punhal, o facão, machado, o serrote, o furão. Tudo fura, tudo fere, tudo corta, tudo mata. O metal, o aço, bem afiado, bem cortante, fino e amolado. Onde fura o pensamento como faca, fura a faca com o corte na carne. A carne é cortada a faca, a foice, o punhal. O sangue jorra com o furo, o sangue espraia com o rasgo que a espada faz na carne. A faca fia o corte, faz um fio de sangue na carne, retalha o couro e vai até o osso. No osso passa o trabalho ao facão, esse se delicia, mas ainda duro o osso é, pede a ajuda do machado, esse por sua vez, lambe os fios de afiado que tá, do estrago que fará. A faca abre, o facão corta, o machado parte o osso. Uma machadada só é suficiente para fazer em dois, três, mais...um potente osso. O osso é potente até se encontrar de frente com um machado. Mas pra que tanta ira, se um corte, um furo, um rasgo, no lugar e na intensidade certa é suficiente? Suficiente para quê? Para matar o homem? para matar o outro? Para matar o boi no processo frigorífico? Não se faz corte só com faca, só com lâmina, o corte corta com a fala, com o pensamento, com o olhar. O corte pode ser feito na alma, sem toque, só retoque. Não é a faca que faz o corte, mas o braço, as mãos do cortador. O corte na carne faz sutura, o corte na alma não se cura! O corte na mente faz loucura!

No centro cirúrgico, começa os preparativos para o procedimento na alma de certo inconsciente. Checagens instrumentais, equipe apostas, equipamentos de apoio e lá se vai começar a cirurgia. O processo de preparação, o preliminar é demorado, visto e revisto. Até se sabe porque estão a ali, mas nada se sabe porque estão nesse procedimento. Primeiro corte, rasgo, fissura na carne. Nada se sente ou se percebe, pois está anestesiado. Começa a jorrar o sangue nosso de cada dia. Do inconsciente jorra sangue, jorram lágrimas, jorram medos, inseguranças, confusas passagens da memória traumática, um dos tumores a serem extirpador desse inconsciente que se faz carne, num sujeito, carne essa subjetiva como significante de dor. Sintomas sinalizaram que esse procedimento cirúrgico precisava ser realizado. Quando a alma dói, o corpo grita. Um corpo é indefeso, diria até mesmo refém de afetos e efeitos. A carne é fraca, é frágil, é furo por ser exposta. Nada na carne se esconde. Não se domina, não domina, so sente, só sofre, só chora, só aparece, só é desejo, só é desejada. Ah, a cirurgia, está lá correndo, cortando, extraindo, estancando, não antes de expor peles, vísceras, entranhas e tumores. Esse processo é delicado, e antes mesmo da cura, muita dor, muitos cortes, muito sofrimento. Doer, vai doer sempre, mas se consegue diminuir sua intensidade, seu furor, sua predominância. A alma cura sim, mas nunca totalmente, pois um inconsciente pulsa vivo nesse ser. Um fio. Por um fio. O fio costura, o fio sutura, o fio fura. No fio da navalha, na mão do canalha, no fio de vida, se fia a morte. Fia o fiateiro, fia filantropia, fia o tecido, fia a carne, fia o couro, fia milímetros de vida. Por um fio ele não caiu. Por um fio ele não morreu. Foi por um fio. Que fio é esse que separa evita o trágico do horror. Que poder tem um fio de esperança, quando quase sucumbe um fio de vida. O fio é fino, não frágil. Pois o fio que corta e fere, o da navalha, também é um fio de esperança, evitação, limite e parada. Ainda que seja um fio, se me resta só um fio, me resta vida, me resta esperança. O fio é fino, não é frágil. O mínimo que um fio é, faz perceber que nem sempre a força está no grosso, largo e exuberantemente aparente. É na singela finura, até elegante, porém, tenra, firme, que o fio faz sua arte, faz sua parte, faz seu furo, e faz vida. Não viva por um fio, mas se precisar dele, lá está. De um fio se faz uma fiada. Até o covarde, não cumpridor do prometido, faz uso de um fio quando promete algo, numa conversa, conversa fiada. Um fio faz seus estragos, um fio faz sentido, um fio passa, transpassa, costura, uni, ajunta, aperta, mas também na medida de uma fina firmeza, corta e fere. Um fio faz.

Amanheci com fome de viver o que ainda me resta e não sei. Nada me faz hoje, aqui, agora, nessa esquina, pensar, lembrar, rememorar, ser nostálgico. Não quero repetir, por melhor que eu tenha sido. Quero só o novo, o inédito, o desconhecido, o por vir surpreendente que transcende e tira o fôlego. Quero o enigmático, o saltitante, o palpitante, o delirante. Quero o nada que não avisa. Quero o tudo que repele o já existente. E tudo isso, logo hoje, que estou de mau humor. Aborrecido, me sentindo pulha, puto, mau comigo mesmo e essa vida que me atravessa, caminhada igual, mesmo caminho, mesmo trajeto, mesmo repertório. O mesmo se repete e é chato. Sou chato, estou chato, me chateio com facilidade, principalmente comigo. Sou meu maior crítico. Olho, reparo, me insulto e ojerizo o que vejo e não gosto. Me angustia, me debela, me deixa chato, chateado, chantageado. Quando me incomoda o outro na verdade, sou eu que me incomodo com o que o outro me faz sentir como que eu que fiz. Não é o outro, sou eu. Quem é esse outro que tanto me deixa contrariado ou contra/irado? Eu sou esse outro que tanto me incomodo no outro. Quanta saída errada, entrada incerta. Voz que fala porque me calo. Porque deixo o outro falar no meu lugar? Ele fala, ele faz, ele me reduz a ele, sendo eu o desejo de sê-lo. Gozo me sentido gozado pelo gozo do outro. Mas esse gozo é meu. Ele só goza porque eu gozo atribuindo esse gozo a ele. Ele não existe. O que existe é o gozo que atribuo a ele. Desvio meu gozo para o mais além do que devo gozar. Tenho um corpo. Um corpo parcial que goza no parcial do corpo do outro. É um desencontro irredutível. Desaproprio o meu direito de gozar, dando ao outro esse gozo fálico. Quanto perdi e perco, apropriando ao outro o meu gozo. O mais de gozar é meu. Eu devo ser masoquista. Quando deixo o outro gozar, é porque quero sofrer com esse gozo que não é meu. Ele passa a ser meu, justamente no meu desejo masoquista de sofrê-lo sem sê-lo e sem tê-lo. Preciso me livrar desse sofrimento que me goza sendo gozado, por um gozo que não é gozo. Pronto, cá estou eu, fulo da vida, porque enraivece ter que admitir que o outro me faz gozar, gozando de mim. Só desejei, ao acordar, o novo, o outro viver, o que não sabia que viveria. Mas não, cá estou eu de novo, repetindo a mesma raiva que o gozo do outro me fez, novamente gozar. Não é bom ser nossas repetições, elas gozam e lambuzam. Uma existência não existe sem repetir, descobri agora, justamente, repetindo. Penso que quero o novo, esse até quero, já desejar, esse não é de meu domínio. O meu desejo é desejo do Outro.

A tristeza de novo. É triste ser triste. É triste estar triste. Mas a tristeza é insistente, quanto mais estou mais sou. Ela é uma das imperiosas presenças indesejadas, querendo ou não querendo. Não a quero hoje, mas ela está aqui. Ora vem mansa, ora abrupta, mas sempre chega e ocupa, e se ocupa, e desocupa a paz. Sua dor é dosada, medida e volúvel. Quando forte, fica insuportável, pois é geralmente acometida de algo terrível, mas também é fraca, não sem dor, mas dor fraca. Não sem motivo, mas um motivo fraco. O "estado" triste ferve a bílis escura. Essa fervura a movimenta, espalha e encharca com sua toxina o que antes estava limpo. Não tenho o comando dela. Sem espinho não se faz a flor, sem a flor não tenho perfume. Ainda assim, existe um gozo nessa tristeza. O gozo a mais, inerente a mulher, só a ela. O espetáculo vai começar. Senhoras e Senhores tomem seus assentos, acomodem-se nos camarotes. A dama da escuridão chegou. Seu aplauso sem som a faz vingar-se e se derramar sobre a plateia. Ela não ocupa só o palco. Ela te ocupa! Ela se ocupa! Ela desocupa a paz. Ela se faz culpa e te faz culpa. Ela te desnuda no que te resta, te olha numa fresta, e de escura bílis te infesta. Começa a festa! Acabou a festa! Por que temos o direito de ser triste, de ser feliz? O poder da escolha é vislumbre de muitos, senão de todos. Se posso escolher ser triste, por que opto por ser feliz? Sempre será a primeira opção ser feliz, consciente. Mas e o desejo, aquele latente, escondido no mais recôncavo da alma, nas entranhas do pensamento, que aflora sem ser percebido, sem ser entendido, sem ser sabido. O fator surpresa, inesperado, vem lá de dentro, sem comando externo ou aparente. Ele se comunica, dialoga, interage lá de dentro do profundo, para além do eu. É um elo, entre o profundo e escondido direto com o Outro. E eu aqui, pensando que me domino, sobre mambembe, balançando as cordas, e achando ser sabedor do que pensa que sabe, mas não sabe. Ser triste é opção sim. Ser triste é desejo sim. Ser triste é condição e atuação de vida sim. Esse palco é mais misterioso do que nossa simples erudição pensa ser. "Eu amo tudo o que foi/ Tudo que já não é/ A dor que já não me dói/ A antiga errônea fé/ O ontem que a dor deixou/ O que deixou alegria/ Só porque foi, e voou/ E hoje é já outro dia." Fernando Pessoa. Não tem cura, vai doer sempre! Tolo. Por que te assombras? Não é tris-te ser triste! A tristeza é uma condição inevitável de vida. O triste tem um jeito mais profundo de ver a vida. Ele enxerga pelos olhos do inconsciente, mesmo que não entenda o que ver. Mas vê! Falo do triste contumaz, não do triste forasteiro, ora lá, ora fora. Não é triste ser triste, se o triste faz da tristeza sua harmonização de vida. A tristeza harmoniza suavemente com muitas condições de espírito. A tristeza invade com sutileza, é uma dama educada, não afeita aos estardalhaços e floreios. Singela no chegar, no ficar, no apossar. Nada de festa, barulho, furdunço, afinal, nunca é momen-to para isso, e no suave ela consegue penetrar no mais profundo do ser, nas entranhas da alma, sem ser percebida. Ao contrário do outro estado de espírito, que faz muito barulho, muito emo-tivo, muita festa e pouca profundidade. A tristeza é fria, calcula cada ponto exato, mas segue sempre no profundo e escondido. A tristeza tem a cor escura, a tinta escura do breu, do imperceptível de tão escuro que é. Sofrer! Por que não posso mais ser infeliz? Se diz dura essa luta do infeliz. Ditadura! São tantas as receitas de felicidade, que outro dia, nesse emaranhado de opções, peguei por engano uma receita de bolo. Dei-me a fazer meu bolo rumo a felicidade, juntei, untei, bati, melei, assei. Bolo pronto. Rumo à felicidade. Antes de comê-lo descubro que aquele bolo não é a felicidade. Receita errada! E daí? Começo todo feliz comendo um delicioso bolo, ainda que esse delicioso bolo não seja a felicidade que busquei nas tantas receitas prontas. Me pego absorto indagando: Como posso estar feliz comendo a porção da receita errada que não a da felicidade? Logo o infeliz reaparece, e o bolo me torna infeliz. Sabia, sabia que não daria certo. Receita errada, resultado errado, me lastimo e lamento. Mas não era um bolo que eu queria. Também, quem manda acumular tantas receitas. Certo dia na farmácia, apressadamente, saco do bolso uma receita: Amigo, por favor, me vê duas caixas desse remédio. Ele lê, se espanta, me espanta com seu espanto e diz: Há algum engano aqui senhor, essa parece ser uma receita de um belo peru para ceia de natal. Mas e a receita da felicidade, onde está, se são tantas? Onde consigo? São tarjadas? Quero curtir minha tristeza, hoje, aqui, agora. Enquanto ela couber todinha em mim, ainda que transborde um tantinho, deixe-a aqui. É minha, eu quero. Não sei de onde me vem essa saudade da tristeza. Se sinto saudade da tristeza, é porque não estou triste, certo? Talvez. Se é saudade que sinto, me refiro a uma tristeza passada, antiga, que foi triste. Isso não impede que esteja no exato momento da saudade, também triste. Estar triste é o que é, e em muitos, predomina o tempo passante. Portanto me apego aqui ao sentir saudade de uma tristeza passada, vivida em outro tempo e fase da vida. Mas sabe o triste? É sentir saudade disso, de uma tristeza que vivi e foi minha. Encarar de modo semblante uma saudade do triste, não é vivê-la novamente ou duas vezes, e sim encarar de dentro de um outro estado, o que outrora foi vivo em mim. É gozo, puro gozo psicanalítico, sentir saudade dessa insânia. O gozo é imprudente e sem limites. Não importa se faz-se na lama, ou na cama, pois o que importa é que transgrida ao máximo o que for de dentro da sanidade. É no gozo que me faço risco puro de viver, não sabendo que faço e porque faço, mas faço. Do gozo nada posso, ele é que me pode. Do gozo nem sei que gozo, mas ele me goza. Nesse caldo gozante, extrai o sumo fecundo e vital da minha tristeza de outrora. Aquela não volta, mas outro virá. É pouco interessante, chega a ser em tom pastel, só ter saudade das alegrias e momentos felizes. Gozar mesmo, gozo sendo triste.

Resolvi hoje acordar não sendo eu. Serei hoje um novo ser, um novo homem. Não serei eu. 1, 2, 3 pronto! Novo eu, quem eu sou? Ainda não sei, sou provisoriamente o senhor outro. Não sei ainda quem sou. Mas que bom. Posso me construir do a partir de agora. Não chamo de zero, porque já me tenho como algo existente, e o que existe é no mínimo um eu único. Ok, novo em folha, vazio de amarras e rótulos. Posso escolher quem sou, como quero ser, quem quero ser, com quem quero ser. Escolho como encher minha caixa. Família, profissão, personalidade, trejeitos, estilo, tudo novo, tudo possível de escolha. Pronto? Vamos começar. Vai, escolhe. Estou duro, parado. Me vejo preso a essa liberdade de escolha. E não é uma escolha, mas a escolha do tudo. Eis que tudo se faz novo, e agora? Posso mesmo escolher todo esse novo? Tenho mesmo esse comando? Por que tenho que escolher? Por que me foi dado esse poder tirânico de escolher tudo que quero na minha vida? Não sou um, sou dois. Desconfio que você também. Vivem dentro de mim, dois eu's. Já disse isso. Mas é interessante essa dualidade de ser dentro de mim. O inconsciente, sempre algoz, inconsequente, barulhento, sinuoso, versátil e flexível. Sem julgamento moral de todos esses adjetivos, apenas constatação. Ele comanda de onde não sei, de onde não vejo, até de onde não sinto. Ele tem a força do mistério, do imprevisto, do irreal. Já parou para analisar como tudo que não se mostra, tem mais poder e força? Ele é esse. Daí que tem meu outro eu. Meu consciente. Cara bacana, sempre sensato, às vezes repressor, metido a saber tudo o que é o certo e o errado. Já dizia mamãe: "você não tem consciência da gravidade disso". "Tenha consciência". "Seja consciente". Crescemos sendo subjugados e moldados por ele. Ah, mas nem é culpa dele, do meu consciente. É o consciente do Outro que tenta moldar o meu. Eles se falam, se comunicam pela palavra, pela coisa, pelo ato. Mas para tudo não ficar chato e monótono. Eis que nossos inconscientes também se comunicam, e aprontam juntos, separados. Influenciam um ao outro. Se manifestam por conta própria. É tudo muito insano. Sim, insano. Ele se liberta de várias formas. Ele precisa viver, saltar, fazer, falar. A fala. Pensamos que somos donos de nossa fala. Quanto engano. Não domamos a fala. (Até a bíblia nos alerta). A fala quando ainda não fala, é do campo do inconsciente, ou seja, não tenho domínio consciente sobre. Depois de falada, não mais me pertence. Saiu, foi solta, como uma flecha, buscando um alvo, um novo dono, um ouvido, o Outro.

    O sangue vem de cima. Jorra fino feito um fio. Escorre

abaixo como um rio. Prisioneiro de um corpo, só cortando fica solto. O sangue dentro pulsa o pulso, é com o espinho que o expulso. A mão exposta é coroada, corte na carne ensanguentada, o fio seguindo o seu percurso, termina aqui essa jornada, jorrada. Se jorrado e não acabado, há momento estancado, o ser vivente é preservado. Quem dá vida tem medo, não socorre o suportar, insuporta a verdade, num destino sem saber onde vai dar. Já deu, chega, paro por aqui. Faz isso não camarada, anda mais um pouco, faz mais um tantinho, só mais um poucochinho de tempo e o que virá, vive e sei. O sangue vem de onde, de cima? Onde furo vejo sangue. Onde abro lá está ele. Sob os dutos pressionados, cada vez mais relutante. Ora contamina, ora purifica, ora sai e volta, ora sai e fica. Movimento sem saber, essa máquina sanguinária que me habita. Na usina do meu corpo, o sangue lubrifica, vivifica, irriga e alimenta. Ele é transporte e alimento para células vivas. Quantos são os vivos que em mim habitam. Nunca fiz um censo dessa população que me habita. Falo agora, coisa rara, do orgânico, do biológico, do átomo, da ciência. Só sou um isso, um aquilo, cheio, repleto de subjetividades, porque um organismo biológico me constitui. Por isso talvez não nasço, mas sim, sou nascido, constituído numa engrenagem de corpos, um tantinho de um com outro pouco de outro, e aqui estou. O sangue circula em pressão térmica acalorada na bolha do derrame. O sangue é simbólico no que a vida tem de viver e no que o corpo tem que morrer. O sangue é vivo, líquido, forte, quente, proteíco e com fundamental necessidade, enquanto circula na pressão fechada de um corpo. O sangue só é sangue, vivo e útil, quando reprimido, preso, circulante num limite corpóreo. O sangue jorrado é sangue findado. O sangue trabalha na pressão e confinado. Com alegria ele circula cima a baixo, baixo a cima. O sangue esquenta, esfria, corre, arrasta, num mundo em confinamento. O sangue só é sangue represado no corpo. Uma história de sangue: Um artista, lá no século XVI, XVII, não sei precisar. Um artesão, cansado de ser humilhado em seu ofício, pelos "nobres" vulgatas que lhes encomendavam trajes em couro, para vestimentas, cada um usando da mais vulgar e soberba hipocrisia, cada vez mais o deixava atormentado com tanta humilhação. O artesão então, resolve gozar de sua dor e sofrimento, fazendo-os sentirem a vestimenta da arte da morte. Sim, a morte se fez arte, nas mãos do artesão habilidoso. Com sangue, sabe-se lá de quem, mas de viventes humanos, começou a tecer em cores, um coro especial. Seu curtume mudou de feição, pois sua arte já não seria a mesma, de sempre, em couro cru, mas um couro molhado, tingido, salpicado, fundido, no sangue humano. Todos passaram a vestir, usar e vislumbrar, o sangue sob a pele, já morta. Só assim, o sangue pode circular sem a pressão térmica do confinamento, ainda que já morto, ele, o autor da arte, sabia que ali tinha sangue. O sangue circula!

Por que se mata tanto? Mata a fome, mata a saudade, mata a sede, mata o calor, mata o tesão, mata..., mas o desejo de desejar sempre vivo. E a vida, se mata? Sim, essa se mata de várias formas. Não os tipos de assassinatos, esse é um matar só. Falo das mortes que cada vida tem, a cada dia, ainda estando vivo. Sim, porque se morre sempre, e muitas dessas mortes não são mortes naturais, mas mortes matadas. Ora você se mata, ora o outro te mata. O desejo te mantém vivo, o desejo do Outro te deixa respirar, impedindo cada pedaço de morte diária. Nada é mais letal do que uma alma sem pulsação. A alma pulsa, porque o inconsciente é quem bombeia o oxigênio da vida através do desejo. Ai dessa vida sem o Outro. Mata vontade, mata de vergonha, morre de sono, morre de tédio, morre de tristeza, morre de solidão, morre de arrependimento, por que se morre tanto? Até o próximo se mata. Quem me dera matar a injúria, a injustiça, a inveja. O que seria de mim, se pudesse matar minha ira? Que tal matar a mesquinha ganância cega? Que brilhante seria anunciar para todos ouvir e ver: Acabo de matar todo o mal em mim. Não sou mais mau. Tenho muito o que matar, mas o que deveria matar mato pouco. Por que matamos? Por que eu mato? Por que sou morto pelo outro? Morrer faz parte da vida, é sim, a única certeza absoluta que se tem, quando ainda habitante de um corpo que pulsa. Morrer, portanto, é, apesar de absoluto em certeza, um real que se foge. Mas por que matar? Qual vida menos vale, ou nenhuma vale? O que é o valor, se uma vida nada vale? Ou em muitos casos, por muito valer, essa vida tem que morrer. Por que matamos? Não pergunto, como um dia perguntou Einstein, "por que a guerra? ", vou mais além. Por que te mato? Por que me matas. Não me venha com a simplória, desde sempre, porque não é desde sempre. No princípio se fez, se criou, se construiu, se ajustou, e fez, e criou, e nasceu, e inventou e surgiu, e se fez. No início era o haja, e houve. Bem depois, algo já de humano, de mundano, de terreno se fazia predominar. Mas uma inveja, a inveja, fez o primeiro matador. O primeiro assassinato surgiu de uma terrível inveja que se apossou de um ser, e este tomado de ira e muitíssima inveja de seu irmão, resolveu matá-lo. Por que te mato? Por que me matas? Por que matamos todos os dias todo tipo de gente? Será que quem mata, antes de matar, não já morreu para algo bem profundo? Quem garante que quem age para matar, ainda esteja vivo? Por mais viril e violento que seja o matar desse um, com certeza, esse já é um morto há bastante tempo. Não morre só o corpo que tomba, talvez antes o corpo que o fez tombar, já esteja morto.

A morte é muito distante! Sim, distante. Quem a tem por perto? Quem dela sabe muito, ou algo que seja. Ah sim, sabemos todos que ela existe, sabemos até que todos nós, sem exceção morreremos, ok, certíssimo. Mas isso não a torna próxima. Sabemos da morte justamente até ela, não nela, a partir dela. Não posso dizer que sei de algo que não sei, apenas sei até. A morte é tão distante que é única, singular, individual. Principalmente, a morte é total mistério, enigma, desconhecido. A distância da morte é a vida. Há quem diga que começamos a morrer ao nascer. Não, discordo. Ao ser gerado, sou ser. Venho de um nada, do oco, do vazio. E nesse nascer começo a viver, e vivo, vivo, vivo até onde não sei. Mas sei que vivo, e experimento o meu viver, e do viver posso dizer, posso falar. Do viver sou próximo, sou sabedor, pois eu vivo o meu viver. Até o fim desse viver, eu vivo. E onde fica o fim do meu viver, até onde ele vai? Não sei. Justamente, quem o barra? Quem o termina? Quem o finda? É a morte. E dessa, à morte, nada sei. Até tem quem dirá: "você que pensa, a morte está mais perto do que imaginas"..., mas é justo isso, não sei a que distância de mim ela está, se não sei, que distante ela esteja e muito... A morte é temida e fugimos dela, porque a morte é final. A morte é uma transformação final, ela finda uma vida. A morte mata uma vida, em todos os seus ciclos. É fim, é partir para o desconhecido, é apodrecer a carne que seja de qual forma vivia, era vida. Carne morta é carne que apodrece, e fugimos de apodrecer. A continuidade desse fim, até é idealizada por muitos, de diversas formas, religiosas, místicas, míticas, vazias, mas falo "continuidade", pois o ato em si, o morrer, todos se negam a tratar. Morrer é viver do lado de fora. Morrer é sair. Morrer é não mais ser visto, aqui, agora, vivo, pulsando, andando movendo-se, num corpo que fez até então, a vida, carne. Carne viva. Morrer é ir..., mas ir para onde? "e agora José, para onde?..." Quem fica morre um pouco com essa perda. Dizem que todos que morrem "viram bons..." ah, só porque morreu, agora "virou santo"! Ainda que não tenha sido santo, mas os que ficam o santificam, fazem uma leitura que exprime algo de bom daquele que se foi. Viver é morrer a cada dia, um pedaço dessa vida. A carne murcha, a carne apura, a carne cura. A morte distante é falada, prosada, tratada. Mas de perto assusta, de perto, dói, de perto corta, de perto mata. Morrer é ficar no destino incerto, partir para um...? Um o quê? Para onde vai? Se vai, se fica, ela dói. Em quem dói a morte? A morte é enigma evitado. Evito falar da morte, porque ela faz parte de um desejo, não de um querer. Não quero a morte, não anseio a morte, não tenho vontade de morte, mas a desejo. No desejo, que não tenho nenhum domínio e é desse desejo que o enigma da morte nos assola, oprime e assusta. Assusta porque desejamos. Escandaloso, não real. O desejo da morte, na pulsão de morte, está no nosso dia a dia. Na intriga, no mal que penso que não faço mas o faço. No bem que não faço, ainda que pense que faço. O corpo simbólico é o cadáver. Sem o simbólico é apenas carniça. A morte pode ser morrida duas vezes, se não for respeitada a condição simbólica do cadáver, limitando aquele corpo a uma carniça, na pulsão de morte. Além disso, se morre duas vezes, quando a posição da pulsão de morte predomina na vida. Afora as fatalidades, têm vidas que gravitam predominantemente na zona da morte. Sim, claro, tudo em modo inconsciente. Quer ver? reclama de tudo, de todos e da terra. Percebe um mundo cinza e inimigo. A pulsão de morte é alimentada e alimenta um ambiente de conflito, intriga, mentiras, inveja, ódio, indiferença. Quer mais exemplos? Se olhe no seu dia a dia. Faça a opção de só morrer uma vez. Pulsão de vida.

A tela de couro humano. A tinta de sangue humano. A armação de ossos humanos, os pincéis idem, e com cabelos humanos. Nada daria mais prazer, notoriedade e fama, além, claro, de muitas pratas e ouro do que sua arte única. Ele era mais um artista de mãos, que tentava seu ganho para sobrevivência, fazendo arte. Ele não via valor humano no humano. Ele prezava os robustos animais irracionais, atribuindo a estes uma humanidade considerável ao seu prezar e cuidar. Só lamentava que tivesse que ganhar a vida, se valendo do conviver com os humanos racionais, para ele, os outros animais. Com o passar do tempo e o conviver com esse animal humano, ele iria nutrindo com robustez, um ódio aos mesmos. Sua arte era medíocre e miséria rentável. Até que um dia, se vendo sozinho e acuado com um ser desprezível, encharcado em bebida alcoólica, não teve outra opção em não o matar. Pós-morte, desesperou como esconder de modo seguro o corpo. Daí a ideia de não o esconder, mas de expô-lo. Artesanalmente o dissecou, colocou o sangue numa mistura de solução química, mantendo-o líquido e vermelho escuro. Retirou todo o couro de modo magistral, assim fez com os cabelos e ossos. Montou a estrutura, produziu o pincel, apurou a solução líquida, agora chamada tinta e partiu para sua nova arte. Nunca mais parou, nunca mais deixou de tanto vender sua arte. Saiu do quase anonimato para o sucesso retumbante, famoso e rico. Tudo graças a sua nova arte, que denominou de "Já foi vida, mas vive em arte". Ele observa na esquina sua próxima matéria-prima, passando, transitando, livre, sem a mínima ideia de que pode ser arte, fazer parte de arte, sacrificar-se em artes, sendo a própria. O artista vai aonde o povo está. O artista vai além e faz desse povo sua arte.

Ela muda o humor. Não sei se porque chove, ou se os ventos contrários trazem o vírus do peso emocional de outrem, e esse outrem tem significância para ela. A semente não se esgota em si mesma, ao contrário, carrega uma capacidade imensa de recarrego, sobre o esvaziar. Quanto mais ela solta seu pesado fluido sobre a outrem, que é ela, a ela primeira do novo humor, mais se reabastece. O soltar, o sair, o lançar é que a alimenta e regenera e a torna ainda mais dominante. Tem coisa que cresce e se alimenta do seu esvaziar. Tem vazio que faz crescer. Ela me seduziu. Com palavras, me seduziu. Com os olhos me encantou, com o cheiro me inebriou e com a alma me derramou. Ela não me sai da cabeça, ainda no consciente sinto sua presença tão forte que me ausento de mim, para senti-la por dentro. Na fala dela abre-se um mundo, cheio de encontros, desencontros, esperança, nuanças, andanças, presenças, sentimentos, ausências, vontades, desejos, afetos e solidão. Uma fala que não diz, mas faz sentir um puro sem sentido, mas que no fundo, tudo se faz real, imaginado e vivido. Sabe por que você não encontrou ainda a melhor pessoa para conviver, conversar, relacionar, aturar? Porque você à busca nos outros. Sabe aquele mal-estar, aquela inquietação, medo, indesejo desejante e culpas? Não, não está no Outro, está em você. Vivemos buscando o outro sempre, ora para culpá-lo, ora para desejá-lo. Mas o desejo do outro não existe, pois ele sempre se renova na sua busca que angustia. É no outro que coloco as minhas expectativas, e este outro insiste em fugir, mas como, se ele está tão perto, chegando a ficar dentro de mim. Fale, fale. Converso contigo com meus ouvidos, fale. E ela fala, fala uma fala que não ouço, fazendo um silêncio que escuto e entendo. Será que entendo? Não importa. O importante é que ela sempre fala, e nos diversos modos de fala, eu a escuto. Ela exerce um poder imenso sobre mim, me deixando muitas vezes trêmulo, inseguro, com uma vontade louca de correr, só correr, correr sem parar. Todos na esquina me olham, me julgam, uns absorvendo, outros culpando, pois o julgar é do homem, o julgar mal, o julgar errôneo e infeliz. Ela até seduziu, mas seu encanto chega aos cantos, pelos cantos, sorrateiro, meio que previsível feito um mistério enigmático de uma instância de pele, de cor, de cheiro, de sexo, de desejo, ai, ai, acho que estou ficando louco, será? Ou já sou e não me dou conta. Do que dou realmente conta, se o que conta é seguir esse caminhar de cada dia na esquina da vida. Conduzo minha vida, ou ela me conduz. Quem é ela quando nada aparece. Ela se basta, ela aparece, ela domina, ela inspira, ela faz o ar ficar mais leve, outrora, mais pesado, em outros momentos, torrentes dela se espalham com a chuva. Ela é o excedente que não sei o porquê.

    O problema está na ausência!É nela que sou falado mal; é nela que falo mal do outro; é nela que sou inteiro, original; é nela que sou eu; é nela que meu real implica; é nela que minha dor súplica. A falta se faz presente, na não presença de sua existência. No ausentar de minha subjetividade, se torna presente meu inconsciente. Não sou lembrado quando presente sou lembrado justamente na minha ausência. Ninguém se lembra de ninguém quando este está presente. O que me faz lembrar, é justamente, minha ausência. A ausência é atrevida, corajosa (SQN), robusta, eloquente, ativa, viril e, muitas vezes, impetuosa ao extremo. Do ausente, faço troça, faço devaneios, me enfureço, bato nele, bato muito. O escárnio presentifica numa avidez feroz até, felina, canina, demoníaca. A ausência é muito rica em repertório, teórica e falação. Dizem que toda ausência é atrevida. Digo além, toda ausência é desmedida, é sem medida, é metida, é mentirosa, é desprovida. A ausência é trilhada na força do real de um inconsciente que faz do sujeito o que ele nem sabe que é. Sou ausente de mim mesmo, ainda que aqui. Nunca, jamais, um estado consciente terá a completude do meu eu, sujeito que sou do inconsciente. A vida flui na ausência. A sala fica vazia, o encanto sai do canto. O eco ecoa, o eco do vazio entra, se apossa, se faz presente e é. A sala vazia é portadora, preenchida do vazio que fica. O vazio entra no nada que a sala faz borda, a sala vazia. A moldura do que se vê fora ainda dá uma certa esperança, mas o olhar para dentro, é o vazio quem está. O vazio, o nada, ocupa o espaço e o transborda de vazio, de nada. Nada só é nada na palavra. O oco não é, o vazio só é porque existe as bordas da sala. E a sala começa a ser preenchida, o vazio começa a sair, o nada começa a dar espaço ao objeto que chega, fica, preenche, enche, e inunda o espaço que ora estava vazio, mas vai enchendo do que encorpa, ainda que desinteressante. O vazio vai saindo, vai sumindo. É apavorante o acachapar de um espaço, é brutal, é sólido, é invasivo, invasor, intransigente, imperador. Onde o espaço vazio é espancado pelo objeto bruto prevalece a dor. O muito suja o vazio de restos de um objeto que se apossa do espaço. A sala se ocupa, é ocupada, é esvaziada de espaço e vai ficando apertada, sufocada, suja, possuída, poluída. Ausência, ausência, ausência. É na ausência que a vida segue seu traçado angustiante. Quanto mais ausente, mais se movimenta a pulsão de morte. Sou ausente num mundo que se presentifica a todo instante, desejando a vida do outro. A esquina é símbolo dessa ausência/presença extenuante, estressante e vil. Ausente, presente, falado, falando, picado, picando, cortado, cortando, parado, andando, saindo, ficando, amando, odiando. Somos muitos a perambular pela esquina dessa multidão solitária.

Paranoia de uma época! Desaforo de um enredo sem cor, tudo acinzalado, inalado, defumado, demarcando uma metáfora de morte e caos. Uma passagem paga só de ida. Não existirá mais volta. Sou uma mentira! Sou um artista! Sou um nada que perambula na esquina, vendo, talvez sendo visto, mas não percebido. A ferida grita na carne. Corta, arranha, fere, arde. Ela fere, é ferida, maltrata e se digladia por um prato de comida. Ela quem? Ela a vida, a vida de quem não importa, o que importa é que vive, fede e depois voltará para o pó. O pó da terra, o pó da vida subterrânea, que move a terra, germinando sementes que darão vidas. Na terra sombria, o cinza do pó, no ar carregado o cinza da nuvem. Escrevo, escrevo, vejo tudo e escrevo, nada importa, não sei o que daqui sai, só sei que escrevo sem medo, sem luz, só com fé e dedos. As teclas são apertadas, tocadas, a cada palavra que se forma, ainda que em frases disformes. Não me importa a forma, o que importa é respirar nas palavras. Respiro no toque da tecla, da letra, onde mato minha fome de dizer. A palavra cega a fome, a palavra é alimento para um sedento de vida, que não só de pão vive, mas de toda palavra que sai de seus dedos. Estou com febre! Meu corpo arde, queima, torra minha pele, aquece e efervesce as células. Uma palavra-chave, palavra-mestra, palavra-cruzada. Tudo aquece na febre de dizer, que engasga, sobressalto, as vísceras das entranhas dos porcos. Não tenho nenhum compromisso com você. Nunca te chamei para me ler, nunca te ofereci minhas letras e palavras. Não me leia, faça esse favor a você. Clame, reclame, derrame, mas não me leia. Por favor, imploro, não me leia. Estou pedindo por tudo, não me leia. Fure o verbo, rasgue a palavra, queime a letra, derreta o significado, deixe só fluir o significante, pois é ele que segue a trilha que faz sobreviver um sujeito que tem a função de subjetivar a linguagem. Na relação com o outro, falo e sou falado. A vida humana é vida falada, sem o simbólico da linguagem somos um instinto animal. Só sou porque sou falado e falo. Por isso escrevo e você me lê. Você só me acha alguma coisa, porque as palavras dizem de mim, e com isso podem dizer de você. O seu achar alguma coisa são palavras pensadas. Desde o ventre de nossas mães, já somos falados, pensados, desejados, idealizados, sonhados. Até nossos nomes são definidos por outros, em palavras. As palavras são mágicas, me fazem ser um vivo ainda que vivo, e também depois. Preciso de uma lupa para enxergar lá longe, nas vísceras de minha alma, bem nas entranhas, entre a medula óssea e os sintomas de angústias. Meu companheiro de viagem quer voltar. Já disse a ele que essa seria uma viagem sem volta, só ida, e sem parada. No campo subjetivo não há volta, há até retorno, repetição, mas volta não. Ainda que eu andasse pelo vale da sombra da morte, não consigo voltar. É ida, ida e ida. Sem parar. Até volto na paragem física de lugar. A esquina é prova disso, onde nela sempre volto, passo, transito. Mas meu companheiro quer voltar na vida. Quer fazer correções, caminhos outros, por muito se arrepender do que viveu. Liberdade! Ah a liberdade, cantada e desejada por muitos, quase utópica em raridade e realidade. Continuando a viagem, sinto-me cansado, exausto, ferido, mas nunca me vem o pensamento de desistir. Posso até ser esforçado naquilo que me anima a seguir, mas às vezes me sinto travado, parado e de repente, sinto fome, sinto frio, sinto sede, sinto medo. Continuo a saga... Está difícil! Hoje complicou. Ela não veio, ele veio. O pensamento está abafado e o porvir desespera. Ela, ah a morte. Ele, o sol. E o porvir é o porvir, terei que encará-lo. Se é lá que viverei, é lá que não quero estar. Está tudo muito incerto, tudo nebuloso. Tudo que pesa, angústia e desola. E você quer que eu fique? Ah, tenha dó. Ajuda, empurra, me desloca, mas me mexe. Só assim não terei tanto medo. E você sabe que por te temer, que me assolo, e temo. Diante de ti, temo e tremo. Não me faça sentir o cheiro do não ter aonde ir. Sabia que a indecisão tem cheiro? O covarde cheira a poeira. O insano cheira betume. Falando em cheiro vou ali na lavanderia lavar minha alma. Preciso alvejá-la. O desespero pede sempre o limpo. O vazio. Sabe? "Tira de mim esse...", ou "me limpa disso..." E sempre pedimos. Eu peço sempre.

Por que não te falas? Ficou famoso o: "Por que não te calas?" Mas não creio que deves se calar. O silêncio muito fala, mas é na fala, que tentasse dizer o algo, nem sempre já compreendido. A fala nunca é sua, nunca foi. O que sai na fala deixa de ser do falante, pois se vai. O que se vai na fala, antes da fala, não era fala. A fala desnuda o mal não sabido, a despeito de gerar, por vezes, o mal-entendido. Nem tudo que se fala, é dito. Não sou dono de minha fala. Mas o não falado também pode não ser meu. Por que não te falas? A voz emite o som, som esse simbolizado na fala, pronto, falei. A fala não justifica. A fala não explica. A fala às vezes implica. A fala é solta. A fala é livre. Na fala começa a viagem. Na fala não tem triagem. Na fala me sigo. Na fala me solto. Na fala me amarro. A fala saiu. Da fala sai o profano. Da fala sai o insano. A fala solta o sagrado. A fala mente. A Fala sente. Fale, tente. Da fala sai tensão. Da fala sai tesão. A fala tem paixão, também decepção. A fala diz te amo. Da fala, o te odeio. A fala é direta. A fala é indireta. Falo, logo existo. A fala se escala. A fala se demora. A fala tem o corte. A fala interrompida. A fala sem medida. A fala tem vida. A fala sai viva, a fala sai morta. A fala é dura, a fala sai pura, a fala apura, a fala me cura. Por que não te falas? Nada é verdadeiro, se não houver um compartilhamento da alma, de alma, na alma. Amizade, amor, comunhão, união, e tantos outros significados de ligação entre pessoas, só o é, se for na alma, pela alma, com a alma. Na alma, se penetra o inconsciente. O inconsciente é consistente, confuso e misterioso. É lá que mora o que somos, sem saber que somos. Mas também na alma, porque não, mora a verdade do mal. Sim, do mal. O ódio, está lá. A raiva. Não menos eticamente raivoso, mas tão quanto significante, de lá também sopra a perversão, a neurose, e por que não, a psicose. É na alma que se dá a falência do bem. As paixões também nascem na alma. O desejo lá está também. Nada, então, que não ultrapassa a superfície do ser, ficando e fincando-se no raso, não é verdadeiro. Se não for alma, não é. Mais superficial e não nosso do que a voz, a fala, não existe. A voz, ao dizer, saiu, foi dito, não é mais meu. Por isso não basta dizer, falar, porque pode ser que este dito, essa fala, essa voz, não venha de lá. Do profundo do ser, da alma, do inconsciente. Você até pode escutar o que falas, mas não saber o que o outro escuta dessa tua fala. Nem tu mesmo sabes o que realmente quisestes dizer com isso. São raras as vezes que nos escutamos realmente com entendimento, se é que entendemos alguma vez, realmente. Imagina o outro a quem minha fala se dirige! Esse é que não entende mesmo, ou melhor, entende muito bem o que se permite entender, não havendo, portanto, garantia nenhuma de minha parte, muito menos da dele, o outro que me escuta, que haverá entendimento. Somos feitos de mal-entendidos, repletos. Isso é o que nos define no real, em perspectivas mais variadas possíveis.

Quem te frustra, você ou o outro? O que te frustra é fruto teu, sai de ti, ou vem do outro? Não responda, ainda! Como vais saber se o que te frustra é da ordem de teu querer, ou de teu desejo? E se não for teu? E se o outro é quem possui o que te frustra? Se é do outro que a frustração vem, por que se apoderas desse frustrar que não te pertence? Nem tudo o que me acomete em desejo, necessidade, falta, frustração é meu. Por que então, me apodero de algo que não me fará bem, ou faz? Sim, porque é nessa falta em si que pode muito bem estar esse gozo que me faz gozar, ainda que em sofrimento, pois ele é falta, é desejo, ou outra coisa, da ordem da necessidade. Só poderei saber o prazer e desfrute do gozo, se antes, a priori, gozo da falta, pois sem falta, não saberei ser satisfeito. Mas não sou satisfeito, quem disse a ti que posso sê-lo? E nem quero. Não está na satisfação, o gozo que me faz gozar. Se me contemplo em plenitude, deixo de ser gozante e passo a ser gozado. O desejo me faz gozar, a ilusão de satisfação me faz gozado. Não gozo quando me realizo. Gozo quando o desejo se realiza em mim, pois esse desejo do inconsciente nunca será satisfeito e sua implenitude me fará gozar, no e com o sofrimento que tal desejo insatisfeito, impossível, inominável, irascível, me domina. Ah como somos tolos em pensar que o dominar é o desejado. Prefiro ser dominado pelo meu desejo, se é que posso chamar de meu. Pois se ele é quem vem, se apodera e domina, não sei se ele é meu, ou se eu sou dele. Em todo caso, ele é, ele domina, e ele me faz gozar. Quem é o dono? Quem manda aqui? Sim, nessa cabeça. Cabeça num sentido figurado de subjetivo armazenador, guardador desse sujeito, entreposto de significantes. Somos subjetivos, singulares e um isso. Diria até que sou habitado por uma subjetividade, sou constituído por um singular que me subjetiva enquanto ser. E em ser isso, não sou dono de minha cabeça. Freud já alertou que não somos donos de nossa própria casa. Casa aqui é esse eu que pensas que tens o controle, o comando. Nem teu eu te comanda, teu ser é levado, jogado, "mutado" e sacudido por um inconsciente que te faz ser por uma subjetividade singular enigmática. Sou corpo, sou espírito, sou um ser atravessado por um interconectado não saber quem sou. Nada me faz mais eu do que o mistério do não saber. O que abunda em um ser é o não saber. OK, dúvidas? Junte tudo que sabes, junte, junte...vá, espero. Junte mesmo, mas tudo. Juntou? Está tudo aí? Falta mais nada. Pronto, tudo junto, tudo completo, tudinho aí? Isso é nada! Tudo isso é nada, diante do teu não saber. Pegue o maior sábio que já ouvistes falar. Pegou? Está aí na tua cabeça esse sábio? Um exemplo bem conhecido: Salomão (bíblia)? Aristóteles (filósofo grego), Sócrates? Platão? Pois bem, se pudéssemos juntar, acumulados, todos esses saberes, ainda assim, pequeninos seriam diante de o teu, o meu, "não saber". Sabe o "só sei que nada sei"? É essa sim, a maior das verdades. Por isso, o que vem de dentro não se tenta entender, mas falar. E eu, te escutar. É na fala desse não saber que fico sabendo um pouco mais, porém sem garantias nenhuma de que saberei o enunciado do outro. Somos pura confusão, sim confusão mesmo, desencontro, desentendimento, descontrole, desinformação, desintegração. Evoluímos no caos que deforma em função da fala, sob a fala. Nossa diferença de um cachorro é que falamos e nossa fala faz confusão, caos e desentendimento. Vivemos distraídos nos prazeres e possíveis desejos, que de nada é desejo. Quando me aprofundo um pouquinho que seja, no raso de meu profundo, consigo fazer frente ao jogo da vida, saltando os obstáculos a cada meio metro. Estou agora mesmo com muita dor de cabeça, corpo dolorido, fragmentos de frustrações e tristeza e daí tudo isso conjuga para uma raiva que jogo nas teclas do computador que agora escrevo. Cada toque é na verdade saídas de raivas que nas pontas dos dedos se esvaem. Sim, há momentos de vontade de socar a tela do notebook, muita vontade, muita raiva, muito soco. O soco que não te dei, tento dar aqui. O soco que recebi no estômago quero dar em alguém, devolver, e receber mais, pois a raiva às vezes é maior que nossos corpos, pois eles nos traem em dores. Por isso a pergunta: quem te frustra? É mais fácil atribuir ao outro a raiva que sinto de mim. É muito mais fácil ainda, jogar todas as minhas mazelas no outro. O outro leva a culpa que só eu sei que me causa. Mas como um bom idiota, faço o caminho mais simples, mais habitual e não me falta um outro para culpar. Não que o outro seja indigno de receber culpa, pois somos um lote mal resolvido de viventes. O lote atual da humanidade é disforme e adulterado. Mais imbecil impossível. Tantas descobertas e evoluções científicas e tecnológicas e tanta mediocridade como ser. Sim, somos medíocres, somos chulos, somos infelizes e incapazes de fazer melhor com o que se inventou do amor, da solidariedade, do humanismo, do social. O outro é na verdade meu desafeto afetivo. Adoramos beijar mordendo, amar odiando, falar gritando, libertar sufocando e assim caminhando. No caminho nem sempre é uma pedra que se chuta, esbarra ou tomba. No meio do caminho tinha uma ilusão e dela me alimentei, e nela confie, e ela busquei, e por ela me fixei e com ela andei. Mas ela some, não assume. Ela soma para na arte de iludir, na hora menos esperada, dividir. Corta ao meio um meio torto e as bandas, partem cada uma para um lado da esquina, olhando para trás não com os olhos, mas com as lembranças começam a se fazer presente, teimando em voltar afim de consolar, substituir, instituir um novo real. Eu e o outro, no mesmo mar de ilusões estamos cá, vivos por um capricho que não nos pertence, pois não somos donos da vida, somos responsáveis por nosso viver, mas dono da vida, nunca. Por que sou tão presunçoso se nem sei para onde caminho, ainda que na esquina habitual de meus passos? Sofrer é gozo, e gozar é fazer-se presente em corpo, dando vida, ainda que mordaz, a carne. A carne goza de mim. Por que faço nuvem se quero céu aberto? Mecanismos de causalidades me fazem sempre desejar o impossível, já que o desejo é desnaturalizado em essência. Já disse antes e repito, não quero que você me entenda, estou pouco me lixando para sua opinião[1]. Sou um ser perdido, não alcançado, alçado ao sabor das vias, quase objeto de descarte, encarte, sem engate. Não é questão de grosseria, não sou um grosso, ao contrário, sou um tonto sensível e delicado feito de espumas anis delirantes. Quando minha cor muda para cinza, saia de perto. Não é que fico grosso, mas intolerante a tudo que

1   Expressão popular. Se refere a não se importar com algo.

respira e cheira. Nem tudo que rasteja é cobra, nem tudo que tem veneno rasteja. Então quando se apresenta na minha frente com toda sua armadura, essa me deixa contrariado ao cubo. Falo da famigerada e abjeta burrice. Para mim, a burrice é tão deteriorante de humanos, que não a tenho como um estado ou característica, mas como um ser. A burrice é um ser incorporado em outro ser, sabe, tipo encosto? É ela. A burrice fisga como anzol e fura o incauto. Quanto mais o puxa tentando sair dela, mais ela rasga. Até perdoo o desvalido que a veste, mas não perdoo a famigerada. A burrice entranha-se nos ossos, ligando-se ao intestino, fazendo subir ao cérebro e lá faz morada. A burrice é uma bactéria, pois o incauto não a tem, ele a pega. Na burrice se esconde o germe que carcome os ossos, os intestinos, fazendo-se alimentar, lá em cima, na cabeça. A burrice é um estado no qual quando ativa, o incauto não consegue nem ser mau, de tão vil que ela é, ela não permite o incauto arquitetar a mínima maldade que seja. Você pode pensar então: melhor um incauto possuído pela burrice, ao lado, do que um terrível malvado. O problema é que o malvado me atinge pela ação e o incauto portador da burrice me atinge por contaminação.

Sabe o que descobri? Não tenho como fugir de mim. Terei o tempo que for, que não sei qual, passar a minha vida, sim passar, aqui é passagem, pois bem, passar minha vida comigo mesmo, de companhia, sempre, sem intervalos de separação. Eu e eu sempre juntos, eu comigo, aqui, ali, sempre juntos. Dizem que só temos uma certeza que é a da morte, pois acho que temos duas. A da morte, claro, mas também a de que durante toda uma vida que vivemos, teremos por companhia certa e imperiosa, a nós mesmos. Eu não consigo viver sem mim, esse é o fato. Agora tem o seguinte. Pessoas que nãos se suportam, pessoas que odeiam o que são, quem são, como são. É fácil identificar que se odeia. Esses, não suportam a solidão, a companhia de si só. Eu e eu, espelho na frente e só eu. Muitos não suportam se olharem, sozinhos, no espelho. Quando me vejo, só, me vem desnudado todas as minhas mazelas (ah, como gosto dessa palavra). Você e você, frente a frente, e eis que a tormenta começa. Jesus mandou amar o próximo como a nós mesmos. O problema é que poucos se amam, mas apenas sobrevivem e se toleram, pois sabem que sua sobrevivência depende desse ser que é você. Amar o próximo pode ser uma ilusão mais real, pois o próximo não é você, a quem no fundo do espelho, tanto odeias. Alguns se desesperam tentando fugir de si, da sua imagem, da sua maldade, de seus sombrios desejos. Sim, porque desejo não é querer, desejo não é vontade. Desejo tem vida própria e não o domino, pois ele é o desejo do Outro. E nessa dialética de mim comigo, sou desejante do que o Outro deseja, e nesse desejo me culpo e não aceito que sou mau em desejo. Óbvio que da boca para fora digo que quero o seu bem, o melhor para você. Esse é até sincero, pois é meu querer, minha vontade. Mas nem sempre esse é meu desejo, pois meu desejo não é meu, mas do Outro. E quem é esse Outro que impõe seu desejo a mim? Ele pode ser você, pode ser uma fantasia, pode ser imaginário, fantasiado como um ser, que no fundo eu gostaria de sê-lo. Não sou o que sou porque quero ser o que sou. Sou o que sou sem controlar o que realmente sou, e é esse Outro quem me faz ser vivente. Uma crença, uma horda, uma metáfora de vida ideal, um ideal de ser, pensando ser ideal. É angustiante querer não se suportar, é aterrorizante ficar sozinho consigo mesmo, para quem não se suporta. Quem não curte uma solidão, ainda que momentânea, ou mesmo, como estilo de vida, é porque não suporta a pessoa má que é. Ainda que essa maldade de ser, muitas vezes, ou sempre, não é de seu domínio. A pessoa má quer multidão, quer disfarçar e se esconder, pois sabe que fará o mal ao outro. O Outro que a domina, a faz fazer o mal ao outro com quem convive. Na multidão fica mais fácil disfarçar o insuportável e inevitável frente a frente consigo mesmo. Sabe aquele que parece que o mundo fede? É justamente aquele que fede em si, e em não suportando sua podridão fétida, atribui ao mundo, atribui a multidão de gente o que fede em si. O que se suporta sozinho, na solidão muitas vezes, tem a companhia de um eu imaginário que não fede. Como posso te amar se não me amo? Aí é que está. Posso muito bem achar que te amo, é mais fácil suporta um outro, pois em tendo-o evito-me. Tenho a ti para evitar a mim. O egoísta é mestre nisso, se faz disso. Ele não se suporta só, ele não suporta a si mesmo, daí ele te quer só dele, para ele, só com ele. O egoísta não te divide, e se é obrigado dividir, sofre. O egoísta é um narciso às avessas, mas é um narciso, pois o mundo gira em torno de si.

O fato de não se suportar, o faz fazer o mundo ao redor em torno de si. Não é só o bom que atrai ao espelho. O mal que não quero te fazer, esse faço, porque não me suporto. Covarde em não ter a coragem de me atingir, atinjo a ti. Já sofro mesmo, porque me importar com teu sofrimento? É nessa confusão inconfessa que te sufoco e tento a ti só para mim, pois é no meu egoísmo que me evito. Jesus também manda perdoar o outro, pedir perdão por odiar o seu irmão outro, para que tu sejas perdoado. Mas na verdade o pecado persiste, porque o outro até consigo perdoar, mas a mim mesmo, consigo? Pimenta nos olhos do outro é refresco! Já ouviu né? Mas na verdade você queria era colocar pimenta nesse seu outro aí do lado que não suportas. Só assim você não olhava você no espelho. O insuportável é do homem, que solto nessa Terra, vive a mercê do mal e do bem. O mal que não quero fazer, esse faço; o bem que tanto queria fazer, esse não faço. É assombroso como não suportamos nos encarar sozinhos, sem testemunhas. Inventamos vozes, vultos, um sufoco, uma angústia, mas tudo isso de nós mesmos. Todos nós temos um outro e para muitos esse outro, que nos é estranho, não o suportamos. Sim, porque uma coisa é nosso outro ser um estranho em nós mesmo, isso ele é. Mas nem todos odeiam o seu estranho outro. Eu mesmo vivo bem com meu outro. Brigamos às vezes, temos verdadeiras tretas, até pesadas, mas nos suportamos bem. É inevitável esse estranho que nos é outro. Ele é posto e para sempre. O que faço com esse outro que sou eu, é que é o nó. Um nó que pode ser três, ou quatro, como queria Lacan (psicanalista francês). O nó borromeano, composto de imaginário, simbólico e real. E às vezes um quarto nó, que é o sintoma. Ah, mas isso fica para os psicanalistas.

Final de uma noite, limiar de um novo dia, madrugada! Ele acorda, e começa a me acordar também. Isso são horas para querer conversar? Madrugada, hora de dormir. Inútil, ele insiste e não arreda. Lá vem ele com seus discursos acusadores, apontando o dedo para mim, me dizendo onde errei e porque insisto no erro. Ele é chato, prepotente, altivo e inconveniente, não bastasse a hora, o tom da conversa não é nada boa. Até porque não é uma conversa, só ele fala, fala não, acusa. Não só acusa, maltrata. Tento voltar a dormir, inútil. Blá, blá, blá... Levanto, tento sair, tento me desligar, inútil! Ele vai atrás e não me deixa só. Ok, desisto, fale, fale tudo, descarregue seu repertório acusador, machuque, fale, grite, não pare, não pare. Vamos, não pare, não termine ainda, agora quero que me diga tudo, no tom que quiser, mas diga. E assim continua, mesma toada, mesma arrogância. Sim! Já começa a ficar claro, percebo o dia chegando. Finalmente ele se rende ao meu cansaço, fadiga e incontrolável desatenção. Ele me deixa dormir de novo. Ele também dorme. Ele? Sim, meu inconsciente acusador. Mas aí sabe o que fiz? Me vinguei de seu rancoroso estado noturno e amanheci com vontade de abraçar. Diferente, eu sei, mas foi assim que amanheci. Abraçar principalmente a vida, abraçar cada polegada quadrada de ar. Abraçar meu entorno, abraçar meu adorno, abraçar o que me torna abraçado, abraçar você! Um abraço me faz sentir-me. É abraçando você que consigo sentir meu corpo, pois nada sou sem teu abraço. Quando abraço, sou abraço. Se sou abraço, sinto o abraço. Se sinto o abraço, me sinto. Se me sinto, vivo. A pulsação do encontro, no abraço, ativa minha pulsão. O corpo é um mero externar do abraço do meu inconsciente, ou não. Eu não sei. Ele abraça e eu não sei. Mas eu sei que não sei. O saber fica no abraço do corpo, pois não sei que sei, quando o meu desejo de abraçar, abraça o que não sei que abracei. Sim, eu sei que disse que amanheci com vontade de abraçar. Esse eu sei que sei, mas o outro, não sei. Me deixo então abraçar, e abraço o que desejo, se são os mesmos abraços, não sei. Disso tenho certeza, não sei. De uma noite mal dormida na verdade, incomodado por mim mesmo em forma de inconsciente, amanheço tão meloso, tão carente, tão abraçador, será? Meu modo vingança de uma noite torturante, cansativa até deprimente, foi talvez, esse estado de carência ou de combate as mazelas que meu inconsciente insiste em impor, sempre me fazendo agredir a vida, sendo agredido por ela. Dizem que uma noite mal dormida não se recupera. Na verdade, o tempo é perecível, nunca, seja qual estado for, esse tempo é ganho, mas usado. Será que ganho tempo, ou só o uso? Na luta inconsciente comigo mesmo, sou acusado, acuso, amo e odeio.

O amor odeia, o amor fura, fratura e tritura. Não existe amor sem sofrimento, não existe amor sem dor, sem lamento. O amor é talvez o maior sentido de potência que um ser possa experimentar e talvez, por isso consegue sustentar toda uma carga de temidas feridas sangrentas expostas pela alma. Amar é tão bom que dói. Amar é verso, amar é prosa, amar é poesia, amar é mote, amar é morte. O amor mata o estado de não ser. O não ser é vegetativo, quase um legume insosso, sem gosto, aguado, um chuchu. O amor perdoa, o amor abençoa, o amor suporta, o amor importa, o amor sofre, o amor sacrifica, o amor não mede esforços para amar. Talvez seja por essa carga tão intensa, completa, inteira que é o amor, e sem essa intensidade e completude ele não é amor que, presumo, o ódio é par e passo com ele. O ódio nasce de um amor? Não sei, só amo. O amor não tem hierarquia, não se julga ou compara amor maior, amor menor. Por que o seu amor é maior que o meu? O amor só é amor em sua intensidade. Expressar o amor que se sente é outra coisa, onde os cenários, loucuras e coragens definem a expressão de um amor, não sua intensidade. O amor. A paixão. O desejo, a comunhão. Me foi pedido leveza. Como se o amor, a paixão, o desejo, fosse leve. Leve é nada sentir, é nada viver, é nada ser. Amar pesa! Paixão periga! Desejo importuna! Não existo leve se amo. Vivo importunado, guiado, incomodado por esse desejo, que não sei que desejo, porque desejo, quem desejo, o que desejo. Mas desejo! O amor tem muitas definições donos e teoristas! Não sei defini-lo muito menos teorizar a respeito, só sei que sinto. E sentir é de uma riqueza ímpar. Mas pesa, como pesa. De leve nada tem, até porque nunca convêm, geralmente é acidental, fortuito e biliar. Quem define melhor o amor? O amor não é leve, o amor carrega a carga de ser e dar sem querer de volta. O amor é tão forte que caminha lado a lado com o ódio. Todo o ato de deitar-se para o amor é sempre também o de deitar-se para a morte. Já dizia o outro, não lembro quem, que a fome e o amor movem o mundo, movem a vida. O amor tem sentido de completude, o um que faz dois. O ódio tem sentido de exclusão, o dois que faz um. O masoquismo e o sadismo estão muito interligados nas relações de "amor". Por isso o incomum fato nas tragédias amorosas, de um matar o parceiro (sadismo), depois se matar (masoquismo). O amor ama, mas também mata.

O amor tem vida própria, é uma vida dentro de outra vida. Hoje o amor será diferente, estou com você e nem sempre tenho a menor ideia do por quê? Mas quando descobrir posso continuar ou deixar você. A função de viver é a busca do outro, o amor pelo outro, o conforto perdido no início. O indivíduo procura em toda a sua vida "um porto seguro", alguma pessoa que ele acredita que estará sempre à sua disposição, pois a condição humana será sempre conviver com a eterna insegurança e possibilidade de sentimento de perda e falência psíquica. No entanto, podemos pensar que, crescendo e se desenvolvendo, criamos um aparelho mental, psíquico, que possa suportar, digerir e elaborar a angústia sem necessariamente enlouquecer ou ter necessidade de uma dependência patológica. Daí teremos de contar com uma força de vida, intrínseca, inerente, e com ela desenvolver a capacidade de trabalho psíquico, sozinho ou com a ajuda de outra pessoa. Não somos senhores do amor, mas suas vítimas. O amor quando quer e realmente é amor, chega a ser mortífero, maléfico, odioso. O amor deprime gerando ódio, quando gerado por uma precoce perda de amor. Livre do ódio? Ok, só é possível pela indiferença e essa sim, é o oposto do amor, a verdadeira rival mortífera do amor. O ódio deseja. O ódio quer, o ódio ama. O ódio faz profundamente a fim de deixar marcas e por isso ele é tão ligado ao amor, pois ele é ativo, presente, fazedor de almas. O ódio usa a máscara da tristeza e por isso se vinga mortalmente. O amor inspira, o ódio transpira. Coexistem numa harmonia sórdida o amor e o ódio. Poder, gratidão, inveja, ciúme, ambição, lealdade, traição, amor, ódio, vingança, redenção, fracasso, morte, fazem parte da extraordinária tragédia humana. O ser humano que sou não escapa a essa extraordinária condição de vida, quase que imperiosa. Não se vive sem essa condição marginal e original das contradições mais marcantes e marcadas do ato de viver. Sou refém da minha natureza que, apesar de imensas evoluções de todas as ordens, obedece a primitivos e imperativos desejos de poder e soberania dos desejos individuais. Não aceito minha incompletude! Nem sempre faço amor por amor, mas às vezes até por ódio. O meu ódio pelo outro na verdade destampa o ódio que sinto de mim. O meu mais primitivo eu é feito antes de tudo de muito ódio. Não nasci por mim, talvez por ter sido constituído totalmente pelo outro, eu antes de tudo sinto ódio. Pois inconscientemente odeio esse que fui formado. Esse "Zinho" aqui que me chamo de eu, me faz primeiro odiar-me. Até mesmo antes de você, odeio a mim, pois não posso te odiar primeiro.

Tem dias que a angústia é imperiosa e avassaladora. Não é angústia provocada, é angústia sentida, interna, de dentro para fora. Uma angústia que sufoca mesmo, literalmente, me deixando sem ar, em plena esquina. Tento buscar a fuga dessa angústia na rua, no externo, nos outros, mas inútil trabalho, pois lá onde busco não encontro fuga. Essa angústia tem peso e profundidade. É a angústia de não me caber em mim. Me sufoca estar sendo eu, dentro de mim, limitado ao meu ser. Essa é sem dúvidas a angústia mais cruel, mais aterradora, mais nefasta, pois é desesperador querer fugir de ser você, está dentro de você e se sentir aprisionado. Me sufoca e me entristece ser eu em minha essência, pois quanto mais tento me desvencilhar de mim mesmo, mais afundo nesse eu abafador, nevoador, dominante e possessivo. O que chamo de meu ser se apossa de mim e me faz seu escravo. Uma prisão é meu destino, enquanto estiver dentro de mim, dominado por esse ser que sou eu e que não controlo. Esse ser que sou tu (eu) em minha decrepitude, em minha indecência, em minha possessão maligna até, me faz escravizar e sufocar, abafando os sonhos, ainda que um ser desejante, mas desejante desse meu Outro estranho. Sabe o desespero de se ver aprisionado a si mesmo e se vendo definhar em vida, largando a cada dia cascas de sua própria decomposição. É assustador não poder se desvencilhar de um corpo que decrépita a cada dia, seguindo um destino de demência incapacitante, humilhante, improdutiva e tirana. Ainda que aprisionado em um corpo frágil a cada dia, me sinto alienado a esse tirano incapaz de me conduzir para o fim melhor. Não me atrevo nem mesmo a planejar um fim razoável, ciente que sou de que para tal se caminha. Não é porque para o fim se caminha que se é obrigado ter um fim tão cruel. Cruel de crueza mesmo, de carne crua que passa direto para o apodrecimento da alma. Sofrer dói, sofrer por ser você é além de dor, decepção. Me falta o ar quando acordo, me olho no espelho e não consigo deixar de ser o que sou. Quero sair correndo, fugir, mas inútil ação, pois me olho e continuo aprisionado em mim. Nessa guerra do meu eu comigo mesmo, só eu saio perdendo, inevitável, e mesmo assim, insistimos na guerra. Por que a guerra? Não consigo explicar, pode parecer loucura, mas não é fácil ser prisioneiro de uma angústia de existência. Não é questão de se aceitar, me aceitar do jeito que sou. Não é esse discurso raso, na superfície da existência que define esse estado. O apavoramento é sentir a decrepitude na alma além da carne. Nas entranhas além da pele. No sangue além das vísceras. Tudo se definha, se apequena, enfraquece e esvai. Não é da ordem do ser, do sentido, mas da ordem do sem sentido, do não ser. A ferida intra-pele dói sem sentir dor. Queima sem ardor. Fere sem furor. Uma bolha! A sensação é de estar dentro de uma bolha, imensa bolha, em texturas intransponíveis que um dia foi esticado, mas hoje já dá sinais de desgastes, desfragmentação, decomposição, mas mesmo assim, não consigo transpor essa bolha que sou eu e me libertar desse definhar. Me ocorreu pensar: será que o mal de Alzheimer, o mal de Parkinson ou até mesmo a demência, não é uma fuga desesperada de um ser, tentando fugir de si mesmo? Não é do racional, muito menos do vulgar-inapropriado "normal" tentar essa fuga. Não se tenta fugir de uma normalidade de existência. Muito menos é glamoroso. O glamour do sofrimento é o gozo na carne, não na carne. Já disse, não gozo de minha carne, minha carne goza de mim, e muitas vezes é desse gozo, dessa carne, desse corpo, que quero fugir. Quando um corpo aprisiona é inevitável um desassossego, desconforto, ardor de alma. Diria até que uma não conformação, aceitação do próprio corpo como eu, como ser, é o primeiro inferno. Muitos dizem que o inferno é aqui, até acho também, mas não o aqui na Terra, no pó, na rua, na esquina. O primeiro inferno é na minha luta de fuga dessa prisão que se chama eu. Não eu de ego, mas eu de ser. Não é minha vida que me aprisiona, sou eu que aprisiono minha vida. Quero me despir de minha pele, para nu, vestir o nada da incerteza, mas ainda assim, libertador, pois se saio de mim, de minha própria carne, liberto a dor. Sem garantias sem certezas, sem convicções, justamente liberto dessas afirmativas positivistas e convictas, posso gozar da liberdade que é o sem sentido, o sem saber, o sem garantias, o sem certezas. Quando nada sei, nada me prende, pois o não saber é libertador, justamente na operação do desconhecido. O triunfo da alma é a liberdade. O meu corpo não tem compromisso nenhum comigo, ainda que não seja (só) dele que fujo. Minha fuga se faz presente como angústia de existir, antes, num corpo inconsciente de assombros. O assombro de existir tem poder sobre o cárcere do corpo. A prisão antes da agonia de querer sair do próprio corpo, se dá no fantasma da mente, manipulada que é por um inconsciente que faz desse sujeito, um processo de linguagem. Simples: sou um produto de agonia constituída à revelia de mim mesmo, pois fui construído pelo outro. Como não sou o arquiteto nem projetista desse projeto chamado eu, sempre existiu e vai existir uma incômoda inquietude e luta com meu estranho e isso faz angústia.

Por que sou obrigado a te amar? Porque me amastes primeiro, tenho eu obrigação de te amar também? Dizem que um ser completo não ama, não pode amar, pois o amor supõe a falta. Coisas de psicanalistas e o narcisismo. Mas se tem uma coisa que não me sinto é completo, e os psicanalistas captaram muito bem a essência do que somos, seres de falta. Sou um ser de falta e essa falta movimenta a vida em desejo. Só desejo porque me falta. Mas voltando a te amar, porque me amas, sou obrigado a te amar? Se assim for, o que sentes por mim não é amor, amor fingido pode até ser, pois o amor não é condicionante. Isso me lembrou a relação do homem com Deus. Ele é Ele, independente de mim, de você. Ele nos amou primeiro, Ok. E se eu não o amo da mesma forma, Ele deixa de me amar? Se assim fosse, pois não acredito nessa condicionante imperativa, Deus não seria Deus. Se Ele é o próprio amor, Ele não pode negar a si mesmo, amando em condicional da atitude de mim, o pecador nessa história. Saindo do campo do Todo Poderoso, voltando aqui para nós, pobres mortais pecadores, não sou obrigado a te amar porque você diz que me ama. O amor pode coincidir e esse é o bom. Mas não é tão fácil essa coincidência de amores. O amor não condiciona, o amor ama e amar não é tão explicável assim. Seria muito bom que eu amasse quem me ama, vai ver, até amo, mas é pura coincidência. Fora disso pode haver uma ilusão, um gostar, uma confusão de sentimentos. É fácil se confundir, pois às vezes chegamos próximo do que pode ser o amor, mas não é amor. Quem ama odeia, e justamente por não te odiar é que sei que não te amo. É fácil não odiar, basta não amar.

Calma! O que sentes pelo cara que te trancou no trânsito não é ódio, é só uma raiva do momento. Será que é amor mesmo o que sentes? Quer dizer que uma mãe, porque pare um ser, ela o ama? Essa regra condicionante pode ser o motivo de muitas mazelas. Não se obriga amar. Respeitar, tolerar, acolher, socorrer, ajudar, ser educado, estender a mão, fazer o bem, tudo isso é o ideal de ser. Até tenho a obrigação de te respeitar e de no mínimo não te fazer qualquer tipo de mal, mas te amar, não sou obrigado mesmo. Dizem que se banalizou o mal, eu diria que se banalizou o amor. Talvez essa banalização do que é amor, é que provoca essa banalização do mal, esse lugar comum do fazer o mal. Amar é bom, eu gosto, eu amo. Mas não amo porque tenho que amar, pois amar, não tem que ser, amar é antes do meu querer, até do meu sentir. Amar é sofredor. Quem ama sofre a dor do ser amado. Amar não é para os fracos e covardes. Amar exige, isso sim, coragem, renuncia, dar lugar. Amar é.

Os anos acrescentados a mim, não significam vida. Me são, queira ou não queira eu, acrescentados, anos, meses, dias. O que faço com esse inevitável acréscimo é de minha inteira responsabilidade. Dias acrescentados não significam necessariamente vida! Vida de viver, vivenciar, experienciar, prosseguir, descobrir, inspirar e ser inspirado, respirar, ativar, fazer, contemplar. Vida é isso, é ser ativo e responsável pelo que faço com esse acréscimo de dias, porque eles vêm, ainda que seja meu desejo continuar vivo. Mas repito, nem sempre o estar vivo é sinônimo de vida, viver. O meu envelhecer pode ser encarado e vivido como um envelhecer ativo, vivo, fazedor de uma vida que ainda pulsa, ainda que inevitável decrepitude. Quando digo que devo ser o responsável pelo que faço de meus dias acrescentados, é na prática mesmo e não só retórica. Costumamos esperar que o outro nos faça viver, e isso não é da ordem do outro, pelo contrário, o outro nos apaga, nos esconde, nos esquece. Quando não, somos tratados como estorvo, problemas, obstáculos no percalço do outro. Até porque não tenho escapatória, pois gostando ou não, me são acrescentados dias, todos os dias, dias que eu decido o que faço deles. Dias de dias de envelhecer apenas. Tudo bem que se prega, envelhecer com alegria e felicidade. Cada um é cada um, cada um carrega em si suas marcas emocionais e suas singularidades. Sabe meu medo? Apodrecer sem amadurecer. O que você faz com os dias acrescentados, os vive ou os sofre? Não estou a falar de velhice, mas de dias acrescentados. Desde as primeiras vinte e quatro horas de vida, já começa a nossa saga de dias acrescentados. No início, nesse aí, do bebê, são dias de crescimento e formação do corpo, da cabeça, do cérebro, da mente, da alma, do espírito até. É só alegria e felicidade ver a evolução, sim, chamamos até de evolução os dias acrescentados em um Infans. E vai crescendo, vigorando, tomando formas, se formando, sendo constituído e todos achando a coisa mais maravilhosa. Mas não deixam de ser dias acrescentados. Dias lindos, dias repito, evolutivos. E tais dias não cessam de ser acrescentados e o Infans cresce, vira criança, e sobe, e evolui em crescimento com seus dias acrescentados. Meus dias acrescentados superam tudo que vivi até agora e tudo o que fica ainda por viver? É disso que falo, ao falar dos dias acrescentados, no sentido de que não é um julgamento, uma definição de certo ou errado, mas uma constatação, um fato: os dias são, queira ou não, acrescentados. O que faço deles, todos os dias? Os anos acrescentados em minha existência são misturas que me são pertencentes, muitas boas, outras nem tanto, outras menos ainda. Os anos acrescentados não faz soma nem multiplicação, já viu como a matemática é um nó? Conta de forma crescente 1,2,3...10...15...20...35...45... 50...70... Só ladeira acima, será? Não, aí está o nó. É um acréscimo que no início faz crescer, subir, vigorar, muscular, mas depois essa soma, só diminui a gente. Acumulo, multiplico, experiências, sabedorias, maturidade (não obrigatoriamente), pois o que mais existem são adolescentes de 40, 50 anos. Mas de toda forma se acumula algo, mas na ordem do subjetivo, do experiencial, boas, ruins, muitas, poucas, mas acumula-se. Acumulo dias, coleciono arrependimentos, sigo em meio a medos e sofrimentos, tristezas e raras alegrias. Tem dias que queria ter feito mais, agido mais. Tem dias que se pudesse, não sairia de debaixo das cobertas. Que queres? Quem faz essa pergunta? Quais de mim fazem essa pergunta? Prosseguir nos anos acrescentados é perseguir o que vem amanhã sem garantias de nada. Supostas apostas importam no imaginário de um atormentado neurótico, vacilão por profissão, imbecil por confissão. Confuso é aquele que vive, pois, certezas são criações destiladas num simbólico cheio de palavras rebuscadas de pretensos sentidos, mas que não passam de meras balelas, retóricas para os mais eruditos, dejetos. Se eu quiser passo duas horas, até quatro, ouvindo, assistindo um monte de porcarias ditas em formas filosóficas de uns poucos atrevidos que se acham intelectualizados ao extremo de um buraco de agulha. Tradutores de vidas, de viver, de experiências, encontro mesmo é nas ruas, é aqui na esquina. Tudo bem, depois sentar à mesa de trabalho e dedilhar em palavras ou mesmo arranjos literários o que se vive e se vê nas ruas, na esquina. Nada contra, pelo contrário, é disso que me alimento. Degusto literatura que tem alma, jorra sangue, fala com saliva. Literatura fria, produzida à mesa de um intelectual-zinho de quinta que não sabe onde fica o Beco do Jacaré, que não sabe o que é uma meretriz de rua, um esgoto a céu aberto, um corpo estendido no chão com as vísceras expostas de uma facada, que não sabe o que é um copo sujo, um beco podre, um vira-latas sarnento, sentindo tudo isso em cheiros e odores, esse não me representa, esse, me desculpe, mas é um belo e autêntico legítimo juramentado de um cocô. Intelectual de verdade cheira a esgoto da vida, da surra, do sarro, cor de grama, cheiro de lama, lama de vida. Sem esse cheiro, nunca sairá do pompom talquinho que a mamãe botava no bumbum, faça valer essas porcarias de anos acrescentados, pois o fim é bem ali, e não tem volta, ao menos em vida, pois até voltar, volta, mas para o pó de onde saístes.

Geralmente o rato escapa, poucos são capturados, na verdade, pois sua multidão não dá conta de ser pego e morto pelo outro ser. Os ratos sempre serão maioria e muito menos de seu universo será realmente capturado, ou mesmo morto. Os ratos prevalecem a fim de nos mostrar que somos sujos e na verdade habitamos num esgoto. Sim, o esgoto que corre encoberto na esquina, tem uma vida bem pulsante e atuante. No submundo do esgoto que na verdade a vida vive sua plenitude, pois a vida humana é suja, plena em maldade, desonestidade e muita, mas muita sujeira. O rato que habita e domina o esgoto da vida carrega no seu corpo, na sua carne, na sua urina, o podre que mata. O veneno mais letal do ser, não é o da cobra, mas o próprio do ser, na sua podre conduta de vida. O homem é podre, o rato é podre, o esgoto é podre, a superfície é podre, a vida é podre. Apodrecemos um pouco a cada dia. O esgoto corre no submundo imaginário, bem na nossa cara. O esgoto corre nos palácios, nas torres, nas alturas satânicas dos poderosos, que nada são que um monte de porcarias carcomidas pelos vermes. O traje que o rato usa tenta esconder sua pele podre, comida pela lepra da maldade, do roubo, da corrupção. A mão do rato mata. O rato deixa um rastro de maldades exumadas do inferno. A corrupção dos poderosos é uma filial do inferno na Terra. Todo o poder não emana do povo, mas do esgoto. E esse esgoto é aqui, na superfície, a céu aberto, visível, evidente, às claras, as escuras, encobertos por um imaginário do mal. No real da existência, é do mal que corremos dia a dia, pensando estar correndo para o desejo. Não sei a essas alturas se corro para o desejo ou corro do mal. Só sei que corro, pois, a vida é uma corrida. Uma corrida rasa, mas profunda. Quanto mais raso o homem, mais profundo este está de sua inevitável sina de dejeto de um esgoto chamado vida. Onde há poder, há trevas. Poder na Terra, pois isso só prova que aqui, nesse habitat humano, terreno, não há poder real. Poder real só nos céus, pois na Terra não passa de ratos vestidos de gala, tecidos e costurados nas malhas podres da filial do inferno. Às vezes é mais proveitoso para uma eternidade, de quem acredita, claro, viver essa vida aqui na mediocridade de vítima desse sistema de ratazanas. O poder terreno é dos ratos. A vítima terrena terá seu galardão no alto. É fé meu amigo, é a fé e só a fé para manter vivo um vitimado desse esgoto travestido de palácio. O rato até escapa, numa ilusão de liberdade eterna que não irá além de sua imbecil crença em ser um deus. Um ali, outro acolá, é pego e morto. Mas não tem raticidas para todos, pois é assim. O rato até rói, mas é um rato.

Sou subjetivo e sou histórico. Na minha história subjetiva trago marcas de traumas, receios, medos, alienação, complexos, tudo sem explicação. Na vida objetiva, não trago história, pois no campo objetivo se realiza o aqui e o agora. O que fica de rastro, de traço, de marca, é o subjetivo de cada dia, de cada um. Minha subjetividade faz minha história, não em ato, mas em acúmulos de um sujeito que vai seguindo em viver deixando marcas e sendo marcado. Quem realiza é meu ser objetivo, quem registra e guarda é meu ser subjetivo. O meu ser objetivo é perecível como um sopro. Faz, ponto, já vira, fez. Depois disso o que fica é o subjetivo desse sujeito. Vamos acumulando um mundo interno subjetivo desconhecido (pensamentos, lembranças, repetições, memórias, sonhos) que nos cumula de malefícios nem sempre percebíveis. Meu acumular subjetivo me constitui mais do que o que faço de objetivo. O objetivo não é menos importante, pois é nessa condição que faço e claro, só acumulo no subjetivo porque antes fiz algo no objetivo. É como que o meu estado objetivo seja a ignição, a partida, a partícula que faísca e gera a explosão de feitos, formando esse sujeito subjetivo. Por isso vou semanalmente ao analista. Lá deito no seu divã e tento resgatar um pouco do que me ocorre nesse meu mundo subjetivo que me assujeita. E esse processo faz recuperar minhas experiências alienadas traumáticas, quando isoladas, faladas, ditas no momento único de minha análise. E sei que meu psicanalista está ali, me escutando. Esse processo permite que eu vá aliviando a dor psíquica que me acumula, desenvolvendo uma certa autoconsciência que me dará forças para prosseguir com meus objetivos na vida. A Psicanálise me permite entrar num acordo comigo mesmo, afim de que eu primeiro reconheça, depois assuma a responsabilidade por minhas frustrações e por fim entre num acordo comigo mesmo e siga. Meu modo de viver não é tão objetivo assim. O inconsciente governa. Lá atrás, não percebido, meus desejos, medos foram represando e sendo reprimidos, comprimidos no inconsciente. Daí eu aqui, todo me achando o potente, o senhor de mim, vou acreditando que meu consciente dá conta, junto com minha objetividade em ato. Tolo eu, pois como disse Freud - o homem não é senhor em sua própria casa – fico achando que dou conta de mim. Não dou conta do que sou. A vida é um constante e inesperado assédio. Sou assediado todos os dias pelos assombros que me acumulam e me cumulam de culpa e dor. Não sigo sabendo, até penso que sei, mas não sei e esse não saber é o que me faz não ser. Não ser é a razão do não saber subjetivo. Só terei pistas dele, falando mais de mim e do que me vem à cabeça, onde a Psicanálise chama isso de associação livre.

Sonhei que era um homem livre. Nesse sonho de liberdade, muita coisa foi questionada, justamente quando o assunto é liberdade, as barreiras se instalam. Livre de que? O que é o livre? O que é uma pessoa livre, livre de quê? O que me aprisiona me torna livre. Não se é plenamente livre, quando se está preso ao que há de mais terrível em um ser. Liberdade é linda. Liberdade é desejada. Liberdade é perseguida. Mas a prisão que me impede, é justaposta por mim. Eu casso a minha liberdade, desde que não me livre dos grilhões que me acorrentam, não pelas pernas, mas pela alma. Uma alma livre sucumbe ainda que um corpo liberto. A esquina é uma prisão de alma, onde livremente delibero em meu livre-arbítrio. Quanto mais tento sair, mais depressa ponho a chave na fechadura, mais emperrado fica. A vida é presa a uma grande pedra esculpida na rocha eterna. Não tenho como ser um homem livre, mas foi só um sonho. Sonhar com liberdade não é seu contrário ou muito menos uma profecia. Sonhar em ser um homem livre me aprisiona ainda mais as incertezas. Eu sempre me vi aprisionado em alguém que habilmente me conduzia à liberdade vigiada e migalhada. Partículas de liberdade são na verdade prendas presas em prisões privadas. O peso prende o preso. A pena é pesada e perpétua. O prego perfura a parte por trás da palma. O pânico deixa-me pálido e pático. Penhoro perdão em vão. Penosa penhora devassa o pórtico. Petição petrifica em palavras. Não sei se serei livre dessa prisão sem muros. Privo-me de privacidade a fim de ser visto, mas no máximo sou revistado na saída e na entrada. Não sou livre porque pertenço. Pertenço a um grupo, pertenço a uma vida, pertenço a não só uma vida, mas as vidas que me prendem no amor, na dor, no andor. O amor é uma prisão. A dor de amar não é sentida na carne. Sou íntimo de minha língua. O meu primeiro companheiro de cela, na prisão do amor, é meu sujeito que aprisiono no espelho. Assusta a culpa que não sei que levo. A pior culpa é a não sabida, assumida no imaginário especular que me imputa culpa julgado e transitado. Não quero ser realmente livre porque saindo dessa prisão fico preso a mim. Não sou forte em força bruta, não sou forte emocional. Minha força faz amar, mas amar enfraquece minha força e nessa transitória fraqueza, prevalece uma dúvida. Onde busco minha liberdade não encontro barreiras externas, pois sou eu mesmo, minha desgraça, eu quem me barro, pois do barro eu vim, ao barro volto. Sujeito barrado!

Por que tantos nomes, adjetivos para maldades, pessoas más e afins? Homem basta como mal. O homem é seu próprio mal. Ninguém, absolutamente ninguém, está destituído da maldade, sim, ninguém. A criança é má. Melhor que se admita a fim de que não piore as coisas quando adulta. Não procure, não adjetive, não nomeie. O mal faz parte do homem, faz parte da carne que tem mente. A carne que não pensa, não é má. Sim, o animal não pensa. Os ferozes o são por instinto, por fome, por sobrevivência, e isso não é maldade e sim necessidade. A carne que pensa, pensa a maldade na carne. Sou humano, sou mau. Não existe o ser humano não mau. Existe sim, o que adormece sua maldade, nos braços encantados da ilusão, mas ele, o mal sempre estará. O Sujeito tem um sujeito mau, que nem ele sabe que o tem. Negas que por vezes te pegas sentindo, ainda que apenas no campo de um relapso pensamento, o desejar o mal, ser mau, fazer o mal, beijar o mal, comer o mal, beber o mal. Esse mal tão presente, escondido no inconsciente, nem sempre sai. Ainda bem! E o pior, ele não está só no inconsciente pueril do pensamento vago. Ele está na ação, no vigor, na atitude, no desejo, ele está na carne, aqui, ao vivo e em cores. O mal é real, o mal é imaginário, o mal se faz simbólico, simbolizado muitas vezes em mentiras doces, doces mentiras. A mentira se adocica, se perfuma, se embeleza, pois como seu pai, ela se aformoseia afim de não ser descoberta. Ingênuo é o que acredita que o diabo se apresenta com chifres, todo ensanguentado, cheirando a enxofre. Ele vem disfarçado do que tanto queremos e desejamos no outro. E o mal que não quero fazer ao outro, esse faço, gozo te maltratando. O gozo que vem no sexo é um desejo de ferir a carne do outro. Não é fácil ser delicado no ato, pois o ato que desejo é o ato de ferir, cortar, furar, bater, rasgar. O humano ser é tão dominado pelo mal que vibra com maldade que seu filho, criança, faz ao outro. Ele goza sentindo o gozo que ele não goza na carne, mas goza no desejo inconsciente de possuir a maldade que lhe é familiar. Não existe homem bom, existe homem arrependido e inoportuno em fazer o mal. Vigiar o meu desejo é o que faço sempre, numa insana, racional, indômita luta, pois esse indomável quer tragar o outro. Até o amor é par e passo, ali, coladinhos, com o ódio. Amor-ódio, já disse o psicanalista francês Jacques Lacan. Não existe esse dom bondoso que papai e mamãe tanto me atribuem. A tribulação, a tentação do mal, a tormenta furiosa das trevas, são mais presentes e formadoras do que nossa vã ingenuidade permite enxergar. Seis socos deu o homem, no sétimo o outro tombou. Seis golpes de faca deu o incauto, no sétimo, o outro expirou.

E pensar que a linguagem nos torna sujeito. Sou louco, ou a ti falta coragem. Não julgue por sua falta o que move o desejo do outro. Muito se fala de amor próprio, no sentido de amar-se. Amar-se primeiro. Mas será que existe amor? Toda palavra que se transforma em fala, sai do meu comando, perde-se na vastidão do ar. Não sou dono do que digo, nem por dentro, muito menos ainda por fora. Por dentro, o inconsciente não traduz o que falo, eu que me vire. Por fora, aí que não sou mais dono mesmo. Se disse, se falei, não mais me pertence. Se é que já me pertenceu, mesmo sendo eu a dizer. Meu eu se fragmenta em vários pedaços de um ser eu. São tantas dúvidas, que me vejo cada vez mais como um neurótico. Quero muito poder te julgar, mas não posso. Não sei como faria para ti, uma solene retaliação, se não consigo nem me aproximar. Se nada sou, em nada estou próximo, e nem minha existência faz sentido, óbvio que não poderei te retaliar. O coração que bombeia o sangue, bombeia também neurônios micros vazados, que entrelaçados, em linhas perfeitamente traçadas, não necessariamente harmônicas, pulsam a vida, como ela é. A ti pertence o que escrevo. Sim a você mesmo. Não possuo nada além do exposto. O suor expelido pelos poros não é mais meu, por que as palavras seriam? Muito menos essas aqui, jogadas aos dedos, sem comandos em controle, sem compromisso com certo, com verdade, com razão. Outra coisa chata é sempre querer estar no controle, ter o controle, comandar, controlar, ter razão, ser dona dessa. Ter razão é muito chato, ser razão é impossível e é no impossível que a coisa fica boa de trabalhar. Nada mais inspirador do que não ter compromisso com razões, verdades e controles. E também nada mais real, pois a incerteza, o descontrole, a não razão, a inverdade, tudo isso, inspira muita dor. Inspira e transpira. Falando em dor, dói tudo. Agora mesmo, aqui, numa mesa de trabalho, teclando isso que escrevo agora, sim, agora mesmo, cada palavra dessas que está sendo imprimida na tela, exige um toque, leve esforço de meus braços e dedos, e eles doem, mas dói, dói muito. Não sei se articulações, ligamentos, vasos, ossos, músculos, só sei que dói. É muito louco saber, pensar que estou vivendo uma situação, emoção, contingência aqui agora nessa escrita, mas quando você lê aí, agora, sim nesse seu agora aí, nada tem a ver com o meu agora aqui. Viu que louco? Esse seu agora aí, exato momento que lê isso aqui, sim isso, não é o agora que sinto aqui, agora, quando escrevo exatamente isso.

Eu disse sem querer dizer, saiu sem meu controle. Eu disse querendo dizer, ainda assim, não sei o que você entende pelo que eu disse. Espere, não me julgue, não é mais uma loucura sem pé e sem cabeça. Até tem pé, também tem cabeça, mas sem garantias de entendimento. O problema é que em tudo achamos que tem necessariamente que ter um sentido, um saber, uma compreensão. Somos ávidos por compreensões, somos impelidos, exortados a tudo compreender, entender, saber. O compreender é meio que mercenário na nossa existência, pois ele se impõe na cara dura e ficamos abobalhados na obrigação de saber, de ter que saber e compreender o que outro quis dizer, o que o outro disse. Ora, nem o outro sabe o que disse, muito menos pode garantir que o que disse, era realmente, deliberadamente, o que queria dizer. Você não pode entrar na minha compreensão, no meu entendimento, no meu intelecto. É de uma tolice sem tamanho, pessoas se arvorarem de que conhecem alguém. Eu te conheço muito bem! Mentira! Não te conhece a ti mesmos. Mãe tem uma sabedoria exuberante, mas até a fase instintual do animal humano. Além disse é mera especulação por amor. Diga-se de passagem, amor esse, imposto por uma condição de ser, porque é mãe. Aprende-se a amar a mãe o seu filho, o filho a sua mãe, ou esse amor é uma capa quando o tempo passa. Onde entra a condição obrigatória, natural, pragmática de ter que amar? Onde entra e começa o amor racional, factual, condicional? É possível amar por mera condição de ser na função X? Te amo porque sou sua mãe, te amo porque sou seu filho. Te amo porque casei com você, tenho que te amar. Te amo porque você é meu irmão, nasceu da mesma mulher que eu nasci. Já me deu vontade, muitas vezes, de questionar esse amor obrigatório, racional, litúrgico, funcional-familiar, com meu analista. A máscara, bem usual, nesse momento, é um artefato usado na maioria das boas vontades. Talvez eu aja contigo com máscara, para te evitar contaminar-se com meu vírus da maldade. Mas voltando ao dizer. Essa confusão de compreender, quase uma ditadura, faz com que adoeçamos da mente. A mente é uma grandessíssima de uma sacana. Ela, a minha mente, que na verdade trata-se de meu inconsciente. Meu porque está em mim, mas na verdade eu é que sou dele, pois bem, esse famigerado, ele me engana a tal ponto que não tenho o controle de minhas próprias palavras. Não estou aqui pregando que não somos responsáveis por nossos atos. Perante o outro somos sim, muito responsáveis. Mas sem garantias, sem certezas, muito menos sem razões. Só somos. Por isso chama-se sábio quem cala, quem silencia. O silencio é um rei.

Cruel, mau, perverso, ruim, feroz, malévolo, maldoso, desumano, malvado, maléfico, maligno, nocivo, diabólico, bárbaro, atroz, inclemente, malicioso, vil, sórdido, prejudicial, nocivo, venenoso, daninho, danoso, infesto, lesivo, malfazejo, sinistro, ruinoso, pernicioso, nocente, deletério, infeliz, triste, infausto, desventurado, pesaroso, lamentável, miserável, terrível, trágico, descontente, malcontente, desventurado, desditoso, inditoso, desgraçado, mofino, errado, torto, incorreto, arbitrário, imperfeito, inválido, inexato, impróprio, errôneo, trapaceiro, cínico, preguiçoso, rancoroso, vingativo, mentiroso, narcisista, irresponsável, inflexível, agressivo, indiferente, arrogante, cabeçudo, chato, mandão, insensível, briguento, descuidado, compulsivo, covarde, enganador, desonesto, mimado, insensato, nervoso, obsessivo, desagradável, desleal, desleixado, desmazelado, desbocado, descarado, descomedido, covarde, comodista, autoritário, desordeiro, déspótico, inconveniente, inconstante, incompetente, impulsivo, imprudente, impostor, impiedoso, impetuoso, impertinente, falso, fingido, frívolo, fútil, dissimulado, egoísta, desumano, desobediente, antissocial, antipático, bisbilhoteiro, birrento, avarento, bruto, casmurro, desprezível, ciumento, dominador, desequilibrado, desconfiado, irascível, irrequieto, irritadiço, obcecado, negligente, orgulhoso, odioso, oportunista, possessivo, pessimista, sarcástico, teimoso, tirano, vigarista, vagabundo, tendencioso, injusto, trancoso, invejoso, sovina, assassino, sanguinário, homicida, matador, suicida, criminoso, delinquente, facínora, malfeitor, algoz, mortal, impiedoso, inclemente, réprobo. E aí, se achou? Quanta coisa ruim, ufa, ainda bem que só palavras. Mas dizem que palavras ferem, cortam, dilaceram, enfraquecem, entristecem, adoecem. É tão poderosa e muitas vezes, em sua maioria, não percebemos o quanto somos tudo isso aí, ou alguns bocados, quando atribuímos as mesmas ao outro. É bom enxergar tudo isso no outro, mas em mim? Me vejo onde? Quer ver uma coisa, faz um teste. Leia em voz alta cada palavra dessas acima se chamando, tipo: eu sou desprezível, eu sou um invejoso, eu sou um cruel. Eu sou mau, eu sou um assassino, eu, eu. Ouça sua própria voz em tom acusador e perceberas o poder da palavra. Muitos dizem que devemos ouvir a voz do coração, outras a voz da razão, mas a voz que ouvimos, nem sempre é a voz que disse, pois, a voz muitas vezes sai sem que eu queira dizer aquilo e aquilo que eu queria dizer, não digo.

Três e vinte da manhã, madrugada chuvosa, começo de inverno, tudo ainda muito escuro, diria até, o ápice da escuridão noturna. Na cama, reviro, me viro, reviro mais uma vez e na luta de resgatar o sonho confuso que me acompanhava, tentando em vão lembrar e continuar, ou mesmo não sonhar, apenas dormir. Mas não consigo. Dizem que dormir mal, insônia, reflete problemas, perturbações, incômodos mal resolvidos, tormentas de um dia carregado e assim na noite, no leito onde o corpo se deita para descansar, vem o balanço do dia, da vida, da morte. Já que não consigo continuar na companhia de meu sono, sonho e cama e resolvo levantar, despertar. Minha vontade mesmo é de estar a essa hora, já passando das três e trinta e cinco da madrugada, na esquina. Lá de pé, bem no meio dela. Tenho curiosidade de saber como é a vida na esquina, em plena madrugada, chuvosa, de inverno, escura. Exercito o pensamento imaginando se tem vida acordada a àquela hora lá na esquina. Meu palpite é que prevalece a presença do silêncio madrugal. No máximo ruídos e grunhidos dos que ali habitam. Sim, a esquina é habitada, não se limitando apenas aos passantes temporais de cada dia. Eu mesmo não moro na esquina, mas tenho a sensação de pertencimento a ela, pois lá estou todos os dias. E ela exerce tamanha importância na minha vida, que em minha insônia madrugal, é nela que penso, é dela que lembro. Bate uma vontade de lá estar. Sentir o cheiro, o som, o toque, o visual dela, naquela hora, que por sinal, avança, pois já são três e quarenta e oito da madrugada. A hora se avizinha das quatro horas. Faço uma caneca de café, muito afim de que o mesmo me ajude a despertar. Perdi a batalha contra o sono. Ele me deixou, ele tem vida própria e não quis ficar. Na verdade, fico sozinho, sem a companhia de meu sono e de meu sonho. Tomo meu café olhando o céu, de minha varanda, onde moro, tento achar uma estrela, em meio às nuvens que insistem dominar toda a plenitude. Nublado está o céu, nublado está a relva, nublada minha cabeça. Mas uma vez acordado, sigo fazendo minha realidade, tentando interferir no por vir, por vir esse indefinido, insabido incerto e desconhecido. Ou você sabe o que ocorrerá daqui a cinco minutos? Só sei que meu desejo era de estar na esquina, sentindo-a em todas as suas desnudadas faces, em pleno sono, plena madrugada. A esquina é plena em pulsão de vida. Até dormindo a esquina é. Ela se alimenta de gente, de corpo, de carne, de sangue, de vida.

Deixei de ser humano. Sim, é meu direito, eu quero, vais censurar? Não quero mais ser tratado como humano. Ainda não sei o que quero ser, só sei que não quero ser humano. Penso ser um dia uma pedra. Noutro um papel, depois talvez uma tesoura, ou quem sabe um carrossel. Vou girar na roda que se agiganta, e se ela não parar, salto para um plumar que não machuca. E se machucar? Tanto faz, vai doer sempre mesmo. Lembra da semente de pedra? Comi-as tantas que acho que me concretei na queda. E justo na queda sobre as plumas, meu peso de concreto fez um furo na mesma. Entendo que nem sempre o mais concreto da minha rigidez me ajuda. Não necessito ser pedra para deitar numa plumagem. Em outras quedas até que sim, mas nessa não. É tão maluco ser eu mesmo que às vezes quero ser menos de mim. Menos de mim, mais de ti. E se tudo parar agora? E se acabar nesse exato momento? Você pode acabar de ler essas palavras ? Fim! Ah não tem nada, está lá, ufa! Sim, está tudo lá, postado, visualizado, clicado e likeado! É tão bom não ser eu de vez em quando, experimente, vais gostar da sensação de não ser sendo. Deixei de ser humano, mas ainda sou eu. Eu em pedra, eu em paus, eu em metal, eu em palavras. A palavra me conduz, me define, me é sem precisar que eu seja. A ficção só é possível porque existe a palavra. A palavra é mais do que eu. Quanta pretensão de um ser se achar o forte, o todo, o existente perfeito e quase soberano. Por maior e melhor que você se ache, você é só isso, um corpo, uma carne, que é usada, habitada, vestida por uma alma e um espírito. Agora palavra não. Palavra é mais, palavra é livre, palavra é o que quiser, quando quiser, do modo que quiser. A palavra é, a palavra vai, a palavra faz, a palavra tem cheiro, tem cor, tem vida, tem dor. Tem morte, tem amor. A palavra fere, a palavra define, adere, oprime, deprime. Deixei de ser humano porque é muito entediante viver toda uma vida sendo a mesma pessoa, e só posso me mudar, deixar de ser, ou ser outro algo, através da palavra. O humano caminha incondicionalmente para a decrepitude do corpo, da carne, até da alma, pois a mente declina também com o passar do tempo. O que resta de mim é a palavra. A palavra liberta, possibilita, viaja com ou sem meu corpo. Um corpo em concreto rompe uma plumagem, fazendo furo na relação. Somos todos, ora concreto, ora plumagem. E certeza que o furo vem. Somos seres furados, faltosos, incompletos, apodrecidos. Mas ainda assim, soberbos, prepotentes, nariz empinados, senhores da razão e da vida. Só restarão palavras. Até as lembranças só são possíveis, devido as palavras. Às vezes sou tão senhor de mim.

Hoje amanheci e decidi! Hoje estou afim de não ser eu. Não quero, é um direito meu não ser eu, pronto, decidido! Um, dois, três e já: pronto, não sou eu! Olá, tudo bem contigo? Sim você mesmo que nesse exato momento me lê. Sabes quem sou? Óbvio que pensas que sabes, pois até pouco tempo, na historieta anterior a essa eu era o eu que conheces, mas agora nessa historieta já não sou quem pensas. Confuso né? Pois bem, vai continuar sendo, pois é de confusos e suas confissões que forjamos as lâminas da vida. Sim, lâminas, cada momento nosso é uma lâmina. Agora imagina o nó que dei no meu arquivo laminar, pois irão faltar as lâminas desse período em que resolvi, hoje, não ser eu. E também, onde serão postas as lâminas de momentos, desse eu aqui. Exatamente esse eu que não sou o eu originário, do arquivo de sequências de lâminas. Fiquei olhando fixo num relógio e contei sessenta segundos, olhando imóvel cada segundo se esvair, sessenta, cinquenta e nove, cinquenta e oito, trinta e cinco, dezesseis, sete, um e pensando, sou esse outro eu. Depois mais trinta segundos, gostei da experiência, mais trinta segundos, e parei. Tentei me sentir nessa outra forma de eu, mas confesso que foi entediante. Talvez por não ter experimentado mais, fixado menos no tempo e mais na experiência, enfim, esse novo eu, por ora se vai. Quem sabe outro dia. Mas que novo é esse. Será novo por ser outro, ou novo de novato, de novidade? Sendo outro, ainda que velho, posso considerar novo, porque é novidade em ser eu? Tem outro dentro de mim, onde ainda que estranho, sou eu. Velho ou novo, esse estranho sou eu. Eu e meu estranho. Fui pescar certa vez, um riozinho distante de casa, precisei viajar, pegar o carro e partir. Não levei equipamentos para pesca, pois não os tenho e mesmo assim, não quis comprar, me preparar. Apenas resolvi que iria para lá pescar e fui. A minha cabeça e vontade apenas dizia que queria pescar e fui. A única certeza era, ainda que ilusória que seja, minha vontade de pescar e a ida ao lugar que eu sabia que tinha um rio e que nesse rio tem peixe e que quero pescar uns peixes lá. E fui, e não me preocupei em me preparar. Talvez a despreocupação se devesse ao fato de que caso chegando lá não conseguisse pescar, não me traria muitas consequências ou danos. E fui mesmo assim, ora pensava no fato de não me preparar e equipar, mas nada assombroso. Descobri na viagem que o meu gozo não estava no querer pescar, essa era a minha vontade, mas meu desejo, ah meu desejo. Esse estava justamente no gozo do não preparo. Nem sempre o desejo é o que penso que quero. Nem sempre, quase nunca, quero o que realmente desejo. O desejo é de meu inconsciente, e esse goza.

Mais um dia e, apressado, na esquina, tenho ainda tempo para pensar: por que planejo tanto, por que perco tanto tempo planejando um futuro, seja esse futuro ainda hoje, amanhã, daqui a cinco, dez anos, daqui a um mês? Iludido que sou, pois não existe futuro, já parou para pensar nisso? Sim, o futuro não existe além de nossa cabeça, pensamento, desejo que seja. Sabe o hoje, é nesse que vivo. Já vi uma frase assim: "me preocupa o futuro, pois é lá que irei viver". O que me dá essa certeza, se mal consigo viver o aqui e agora? Futuro, futuro, futuro, nascemos, crescemos, bem ou mal vivemos, envelhecemos, morremos e esse futuro não chega, pois só consigo viver no presente. Quem aqui já viveu no futuro, para que possa voltar e nos dizer que ele existe? Afirme aí, agora, te desafio. Onde fica o futuro? Você pode ir lá e nos contar? Passamos uma vida inteira pensando nesse tal futuro, nos preparando para tal, vivendo o hoje em função desse que não sei quem é e onde está, qual seu limite temporal. Até a Bíblia adverte que:

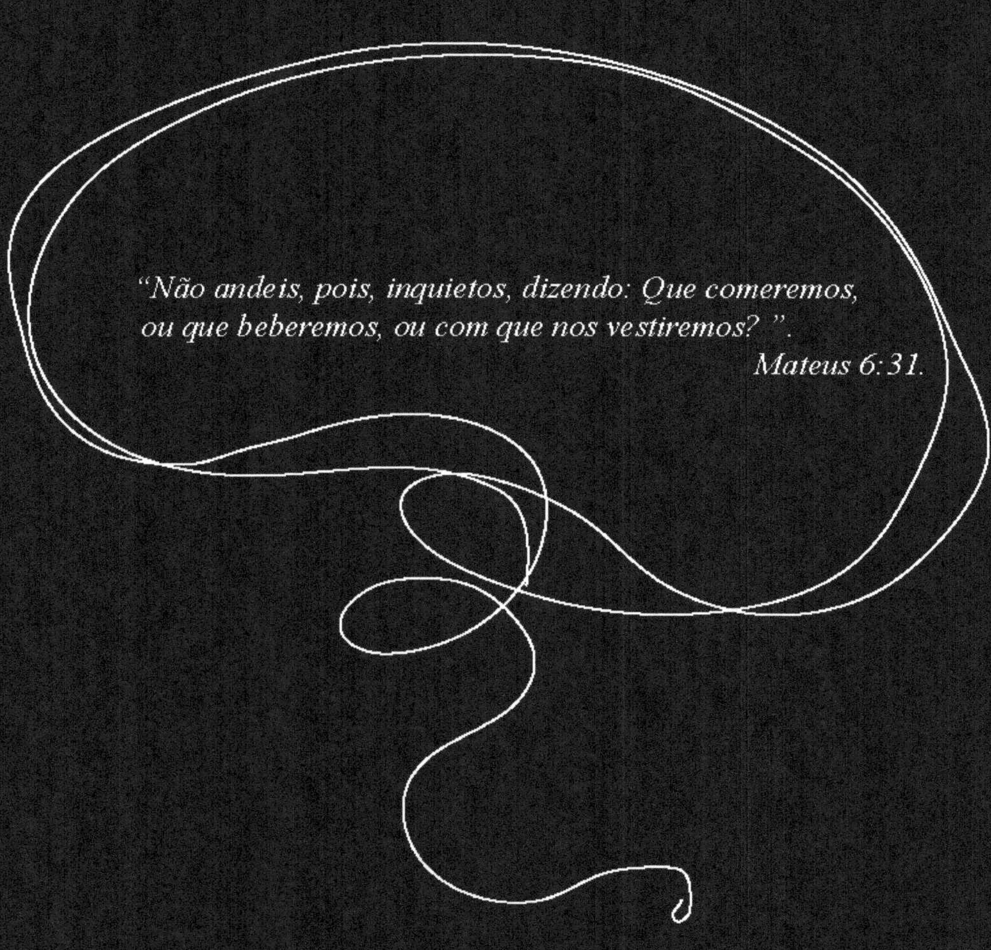

"Não andeis, pois, inquietos, dizendo: Que comeremos, ou que beberemos, ou com que nos vestiremos? ".
Mateus 6:31.

Isso pensando no amanhã, sim, amanhã, depois de hoje. Mas não, fico ansioso, fico inquieto, preocupado com esse tal futuro. Irresponsável e inconsequente, portanto é, muito mais quem não vive hoje em função do hoje, para viver só em função desse futuro que não me chega. Não, não chega. Te provo que não chega. Quer testar? Ok, veja que dia é hoje aí, esse seu agora que lês isso. Beleza, viu? Pense numa data mais adiante, dois, três, cinco dias depois desse teu hoje aí. Pensou? Agora vai lá e vive lá. Não, não, viver é pedir muito, vai lá e passa cinco minutos. Tenta edificar no teu real um ato marcante nesse dia escolhido, real. Assinou um contrato hoje onde o mesmo te garante que nesse dia pensado você receberá algo contratado, e pensas, te peguei. Beleza, você assinou hoje uma promessa de algo para daqui a cinco dias, ótimo, legal. Nesse tal dia escolhido, que será daqui a cinco dias você irá receber tal coisa contratada, né isso? Ótimo! Mas isso tudo você realizou, concretizou, contratou hoje, certo? E se no tal dia tão esperado, o tal cinco dias depois que assinastes o contrato chegou? Bingo, viu que o futuro existe? Discordo meu caro, se você chegou no tal quinto dia após, você recebeu seu contratado em acerto, nesse ato você está vivendo o hoje, hoje é hoje, não é amanhã. Futuro é coisa da tua cabeça.

Ele me encontra na esquina, percebo-o cabisbaixo, olhar triste, pesado, diria, carregado de amargura. Pergunto se está tudo bem, ele responde um protocolar automático tudo bem. Ele estava com um semblante de copo vazio. Aquele semblante onde apesar de muito cheio, é um cheio de nada, aquele momento em que ele olhou para si mesmo e fez a pergunta: o que fiz até aqui? Eu quem penso que ele pensa isso. Me limitei na verdade a uma única pergunta, pós a primeira que fiz, se estava tudo bem com ele. — Quer falar? — Ele me olhou firme, vago, distante, presente, um olhar de socorro, de abraço, de esteio final, um olhar de desassossego e muita tristeza. Em segundos tudo isso foi possível ler em seus olhos marejados. Um olhar que gritou forte em meus ouvidos. Na verdade, na verdade ele gritou com os olhos e calou com a boca, implorando com os ouvidos que eu mais uma vez repetisse a pergunta: quer falar? Ele foi sincero: — Querer não quero, dá um nó aqui no peito, um nó que aperta tudo. O chamei com os braços, pegando-o e nos encostando numa parede sombria, de um dos casarões abandonados, estilo colonial, século XIX, bem defronte a uma das frondosas e exuberante árvores que ainda resistem ao homem. Ali, eu e ele, transeuntes as dezenas passando, mas estávamos muito sós, só nós dois, e repeti pela terceira vez: quer falar, e fui além, fale! Me olhou mais uma vez, bem nos olhos, respirou mais fundo e disse uma palavra: — rompi! — Escutei, nada falei. Ele continuou: — não dá mais, rompi com tudo, acabou, não quero mais essa vida. — Continuei escutando com meus olhos. Ele mais a vontade na fala, ainda que a mesma repleta de entulhos, desandou a falar: — não aguento mais tanta humilhação nessa vida, tanta injustiça, tanto desprezo. Faço tudo, tudo por eles e o que recebo em troca? O que recebo em troca? Ingratidão, desprezo, traição. Sou um homem traído, um homem ferido, um homem abatido no seu próprio quartel. Antes fosse no front. Antes fosse o inimigo mais terrível, antes fosse o diabo. Mas não, quem me abate, usa a baioneta da traição, usa a bala da ingratidão, usa a lamina da injustiça. Só sei que não aguento mais essa vida, assim não continuo mais, e hoje ao sair, resolvi que não volto mais para a mesma vida. Ou outra ou o fim, o rompimento é minha única saída e aqui estou para consumar o meu romper. Podia esperara daquele outro ali que vai passando, aquele que não me conhece e não sabe quem sou, não nutre sentimento nenhum por mim, ele sim, poderia me fazer um mal. Mas de dentro da minha própria existência, da minha própria carne, de meu próprio sonho, desses eu não esperava essa tão devastadora traição. Estou devastado amigo. Obrigado por me ouvir. Me vou. Até. — E foi embora.

Destino é escolha de caráter, pois o caráter faz meu destino. Destino é diferente de futuro. Futuro não existe, destino é real. O caráter prova a amargura da ingratidão, da dissimulação e da traição. Não se trai a ilusão, se trai o destino. Sou compulsivamente repetição, somos. Não há coisa mais insuportável do que eu ter que me suportar, aceitando um destino fadado a viver. Viver é fardo, viver [é pesado], viver é repetidamente enfadonho. Não me recrio ao acordar, a cada dia. Na verdade me alimento do que me repito. Vivo assombrado dentro da minha própria casa, que sou eu. Minha casa é minha vida, moro nela, na vida que tenho. Não sou senhor em nada que sou. Na minha insana constatação, pois quem me rege a um destino, forjando meu caráter, é um inconsciente que não me permite domar, definir, controlar, destinar. Ao contrário, ele, me destina, e sou isso. Sim, isso aqui, isso que todos conhecem. Destino é feito de você, de hoje, de ato. Destino é uma coisa que tentam romantizar em frases de efeitos, mas não passa de nós mesmos, nus, sem as cascas da hipocrisia que em suas peles finas, tentam escamotear à francesa. O espelho que reflete minha imagem é embaçado, distorcido, desfocado. Muitas vezes sou um quadro torto na parede, onde todos observam mais minha tortuosidade que mesmo quem sou como quadro, minha figura razão. O torto que me entorna e contorna me define. Sou eu mesmo o meu estranho, sem muito mistério, ao contrário, bem familiar e peculiar, singular, sou eu, só meu. Do meu contrário estranho me faço familiar, um estranho no ninho. Eu sou meu próprio estranho em meu ninho. Um tirano frio, fechado na sua dor de viver, goza em seu próprio assombro. Esse tirano é meu misterioso inconsciente, intransitivo, não necessitado de complemento, pois ele é ele, ele finda por ele mesmo. Veja que me refiro como esse ser tirano, intransitivo, o que me domina em mim, o meu estranho-familiar, íntimo desconhecido, inconsciente. Na real? Não passo de uma massa cinzenta que pensa, que pensa e define um destino que não é traçado aqui. Não sou, sigo sendo.

A falha! A folha! A filha! Uma fenda na estrutura de tronco da árvore centenária é uma falha que nunca falha. Dali não sai, ali está faz tempo, talvez dezenas de anos, com certeza, muito tempo. Mas está lá. Mesmo assim, com essa falha exposta, fratura visível a quem passa e olha, essa árvore centenária, antiga, velha, nunca deixou de cumprir seu papel de mãe. Deu sombra, deu frescor, deu abrigo, deu seus galhos, suas folhas, deu seus frutos. Fratura que faz falha, exposta para quem quiser ver, falha que não deixa falhar seu papel de árvore. Não é um rasgo profundo em minha pele que me define. Pode até marcar, manchar, referenciar, mas não me define. A falha, falho. A folha, faz. A filha, é. Ainda que manchado, marcado, maculado, dou fruto, dou folha. Não basta só dar folha, já nos ensinou o próprio Jesus, quando amaldiçoou uma figueira. Apesar da falha dou folha, dou filha, dou fruto.

Hoje meu dia começou, não com um sol rasgando do céu ao mar, mas um dia com cara de noite. Tem dias realmente, que parecem noites! Tem dias que falham, já desde cedo, ao amanhecer, começa falhando, ou melhor, começo falhando. A falha sou eu, o falhado, o falhador. A folha está lá, a vejo, percebo, na árvore mais próxima de mim, e juntamente, bem mais próxima, diria, dentro de mim, está a falha. A minha falha. Ah, a filha! A filha está distante, está em outro lugar, mas sei que ela também está em mim. A filha, a folha, a falha. A folha, a filha, falha. A falha, a folha, a filha. Não sou mais que isso. Um falho falhante que faz besteiras, algumas consertáveis, outras irreparáveis, mas feitas. Não é a falha a ser evitada, pois impossível não falhar. Esse não é o ponto principal de uma existência. Sim, eu falho, falhei e vou falhar ainda outros tantos de vezes. O importante é me responsabilizar por minhas falhas. Não é o não falhar, mas o que eu faço com as consequências de minhas falhas. Falhei, ponto. Me responsabilizei, ponto. Sou eu, unicamente eu o responsável por minhas falhas. Falho eu, responsabilidade minha. Mas não. Sempre há de haver as desculpas, tentando não me culpar por minha falha, mas te culpar. Sim, você mesmo aí. Se bobear, ponho em ti a culpa por minha falha. Jogo em você, na maior cara de pau a culpa que seria minha. No mínimo, jogo debaixo do tapete imaginário.

Na morte, no morrer, no morto, morre-se hoje, morreu ontem, morrerá amanhã. Até que a morte nos separe, sigamos vivendo. Mas a morte separa? Falar de morte é complicado, misterioso porque talvez, seja desconhecido. A morte separa, mas a lembrança não deixa separar. A morte separa o corpo, mas não separa a vida. Nada nem a morte, elimina a vida que foi vivida por alguém. A morte mata o corpo, a morte mata o ser, a morte mata a carne. Mas a morte não mata uma vida que foi vivida, a morte não mata uma história vivida, a morte não mata uma história de vida, a morte não mata um legado. A morte mata para o continuar, mas a morte não pode matar o já vivido. Morreu hoje. Até ontem foi vida. A morte é temida, por isso é escondida, varrida, esquecida. Para que falar de morte? Morte é senão, do contrário. Morte ainda que queira, não é desejo. A morte mata muito pouco do que se fez e se deixa. É negar uma existência, valorizar a morte desta mesma existência. A morte decai, decrépita, desacredita a vida, mas a vida da carne, a vida do corpo, a vida do que seria continuado. A morte não finda a história, pois história é relato do que já foi, do que passou, do que foi vivido. Se não deixo morrer na minha mente, na minha imaginação, nas minhas lembranças, na minha fala, nos meus ditos, nos meus testemunhos, não deixo morrer jamais. Não deixe que se morra duas vezes. Ainda que tenha sido morte morrida, não matada, se pode matar, fazer morrer pela segunda vez. Se foge de pensar na morte, de falar da morte, de desejar a morte, mas não se foge da morte. A morte é o de repente de uma existência. Viver é trágico! O homem deseja triunfar ante a tragédia, às vezes incluindo um viver cômico, mas no fim só lhe resta o trágico. O triunfo do cômico não evita a tragédia que é viver. E viver se morre, pois é essa a certeza. A morte de uma continuação de vida, pois uma vida não morre, mas sua continuação. Depois de morto continuo vivo. A presença física, o corpo, a fala, o cheiro, o olhar, isso faz falta, pois isso morre. Morrer ainda que com toda essa desculpa imaginária que dou até aqui, dói muito e não sai na água. A morte não interrompe só o que seria de continuidade de quem se foi, mas de quem fica sem esse resto de você que partiu. O que farei com meu resto de vida sem você?

No meio da vida, estamos na morte. O tudo, o vivo, a experiência, necessitam todos do nada. Só é tudo porque existe o nada. Morrer não é partir para o nada, ao contrário, morrer se parte para o que é eterno. O crente e o não crente crê no eterno pós morte. Pois se crente esse eterno é o eterno mesmo defendido e crido pelos cristãos e outras crenças. Se não crente, crê no eterno que se eterniza cá dentro de cada um. Levo comigo, nas minhas mais diversificadas lembranças, um pouco, um muito, um tanto, um todo de quem se foi. Ele agora me pertence, bem aqui dentro e do meu jeito, na intensidade e tamanho que quero dar. "Basta uma pessoa estar faltando no mundo para que o mundo inteiro fique vazio para você", disse Philippe Ariès, mas essa falta é concreta, é real, é viva. Quando sinto falta de quem se foi, sinto ainda mais falta da vida que eu tinha com quem se foi. E é nessa falta que construo um consolo revestido de lembranças. Nascemos para sermos decadentes. Na morte falta sentido, falta razão, falta senso de compreensão. Não tenho que entender, não se entende a morte. Tudo que se pretenda dizer definir, conjecturar sobre a morte, é da ordem do unilateral, pois entre eu e quem se foi, só um pode fazer esse exercício de razões e porquês. Quem foi não me diz em fala, mas em lembranças. E lembranças são de minha ordem imaginária. Tenho de você a lembrança que eu quero. Na verdade, até tenho você agora que se foi, do jeito que eu quero. Não tenho mais seu corpo, mas ainda consigo escutar a sua voz. A morte é tão matéria no real, que podes estar lendo aí no teu agora isso aqui, ou seja, o que pensei no meu momento de escrita, e eu não estar mais aqui. É louco sair do pensamento normal, convencional. A morte não combina nem marca hora do encontro. Só sei que tem uma história, bem ali, esperando por mim, esperando por você.

O importante é o corpo vivo, uma data de nascimento e morte. Entre isso é o furo, e no furo passa a vida. O corpo vivo é bordejado, num intervalo e isso é o viver. Se vive, seja como for, onde for, do jeito que for, se vive. Só há existência do que se vive, e ainda que se morra, se vive para sempre. Até se morre, o corpo vira pó, mas aquela vida, aquela existência será para sempre. Ainda que passe a existir no esquecimento dos seus, mas se vive. Só é esquecido o que é vivido. Não se esquece o inexistente, para esquecer tem que ter havido, tem que haver. Não se apaga uma existência, pois para sempre essa existência existiu. Dizer que se acaba um ser ao morrer o corpo, é limitar essa existência unicamente ao corpo, e isso é impossível. Minha existência é composta de um corpo sim, mas de uma alma, um espírito e para ser lembrado, uma linguagem, uma memória, uma história que não se apaga. Quem poderá apagar a história de uma vida um dia existente? Se mata o corpo, mas não mata a história. Uma vez existente, eternamente existente. Principalmente depois da morte do corpo, pois se vai à eternidade e lá é para sempre. Eu acredito nisso, na eternidade, mas ainda que você não acredite como eu, você não pode negar que aquele que um dia viveu aí, pertinho de você, com cheiro, som, carne, vida, não morreu de um todo. Agora, aí, nesse exato momento, você tem que admitir isso rememorando a tal existência. A vida são etapas, várias aqui no terreno, nesse corpo que temos, nessa história que construímos, queira você ou não, uma vida, constrói história e memória. Um corpo vivo um dia morre e vira pó. Uma data de nascimento celebra o nascimento desse corpo, pois nascer mesmo nascemos bem antes, desde o desejo de um que se diz pai, com uma que se diz mãe. Lá atrás esses dois seja quem forem, nas condições que forem, desejaram que um nascesse. E a morte, ah, a morte! A morte vem, inevitável, sombria, penosa, dolorosa, mas vem. Mas essa que chamamos morte, tal qual como a conhecemos, só mata a etapa do corpo. A morte só mata o corpo, pois a vida que foi história, composta por atos, desejos e vivencias, essa não morreu, essa mudou-se, agora vive na memória de quem ficou. Até quem morre duas vezes, ainda assim, vive. Viver é bem mais que só vida. Viver é além da vida, além daqui, além do corpóreo, pois em cada um que vive, o outro vive. Minha vida é de minha responsabilidade até certo ponto, mas mesmo assim, nem nesse certo ponto ela é minha. Viver é de minha responsabilidade, mas não é minha, a minha própria vida. Sou dono da minha vida! Faço o que quero porque ninguém manda em mim! Tolo! Não existe controle sobre a vida, pois a vida precede a morte, e da morte nada sabemos, só sabemos que morremos. Ainda assim, depois de morto, se vive. Tanto quem viveu aqui, agora vive lá, como esse mesmo ex-vivente, ainda vive aqui, na memória de cada um que ficou e na história que esse plantou. Não estou sendo macabro, ao contrário, fazendo vida. Vida é isso. Vida é querer que sempre viva. Te eternizo em mim, enquanto eterno eu for. Vivemos vários fins. Já nascemos nos separando. Você já nasce saindo e não chegando. Nascer é do desamparo, viver é dos desencontros. Viver é desencontrar-se sempre. O primeiro desencontro é comigo mesmo, com meu velho habitat onde fui gerado biologicamente. Ali é só um lugar, digamos, de produção de vida. A cada dia que aqui vivo, vivo saindo um pouco de mim, desvestindo meu antigo corpo e vestindo um novo, em um processo de transformação. E essa transformação, saídas e chegadas não se dá só no corpo, não é só da ordem da carne, mas da vida. A cada dia acumulo histórias de minha existência. É como acumular milhas. Acumulo, porque não apago o que foi ontem. Posso mudar situações, coisas, ideias, desejos, vontades, pessoas, até posso mudar da condição de vivo para morto, mas sempre acumulando tudo isso e nunca anulando o que ficou. O sim que te disse hoje nunca morrerá com o não que te direi amanhã. A vida não morre.

O meu futuro é tão secreto, e quem o tem, revela em doses. Isso quando quer revelar. Persigo todos os dias o futuro, o amanhã, mas nunca chego, pois logo, logo, um possível amanhã, quando o vivo, já o vivo em um hoje. O amanhã é imaginário, o hoje é real. Somos na verdade uma história com final já definido. Poderíamos até nem ser tão interessantes assim como uma narrativa, sem graça, de final sabido, com "spoiler". Mas não é o final que nos interessa, em nós, mas o que transcorre entre o começo e o fim de uma vida. Somos uma novela onde o final, todos já sabem. Podemos até não saber quando e como será esse final, mas uma certeza, um "spoiler" é certo: morte! O final termina sempre em morte do protagonista principal, tratando-se de cada um, óbvio, líquido e certo. Mas repito, não é do final que venho aqui tratar, mas do meio, do anterior a esse final, do que ocorre no que chamamos de viver. Porque viver é isso, é transcorrer em uma vida desde o nascimento até a morte. Uns nascem bem, vivem bem e morrem, já outros nem tanto. Com um final tão certo e sabedor, sendo isso a prerrogativa que nos diferencia dos animais ditos irracionais, bem que poderíamos viver um pouco melhor, sofrer e fazer o outro sofrer, menos. Certo dia um amigo perguntou-me por que um louco, um doidinho pensa, se desse pensamento nada se aproveita? Chegou mesmo a dizer que era um desperdício de tempo, dar ouvidos, um segundo que fosse de atenção para um louco. Na hora, de imediato, me veio o pensamento, que aliás, não tive a coragem de externar em fala: por que um idiota fala? O que seria do mundo que vivemos aqui, nesse exato momento, sem a contribuição pensada, falada e manuseada por loucos esplêndidos como Tesla, Da Vinci, Einstein, Van Gogh, Beethoven, profeta Gentileza, e tantos outros, onde uma tênue linha separa a genialidade da loucura, a conferir, John Nash, Fleming, Nietzsche, Bispo do Rosário, e tantos outros, brasileiros ou não, artistas, cientistas, contistas, flautistas, pianistas, motoristas, juristas, vigaristas e tantos outros. A salvação desse mundo que vivemos foi e continua sendo a rica contribuição de um louco. O maior dos cegos é o que só enxerga com apenas os dois olhos. O tal lado bom que tanto te reivindicas proprietário, sucumbi ao primeiro desafeto estendido. Não negue, você pensa o mal, você é mau, você quer o mal de alguém. Não? Sim! O mal desejado a outrem, não necessariamente exala fogo e fumaça, muitas vezes sai como uma brisa suave na aparência e consistência física, mas na essência, é puro mal, original, cem por cento natural. Sempre há a chance de nos desintoxicar desse desejo, basta seguir desejando o próximo desejo. Sim, porque o desejo do mal não acaba, e sim é substituído. Aliás, essa sequência é em todas as matérias desejantes. Nunca se acaba o desejo, mas sim, o é substituído por outro desejo, outro desejo, outro desejo. Nunca acaba porque sempre que desejo, desejo o algo que tem por referência o Outro. O Outro é o norte do que desejo. Não dominamos tal desejo, porque ele não parte de nosso consciente. Ele é mais profundo em seu nascedouro. Ele nasce no profundo do ser, no inconsciente. Diria até, na verdade, ele é que nos domina. Esse desejo não é o desejo de comer doce! Ele é o regente de nossos passos, dia a dia, pois é seguidor voraz do Outro. E um inegável que passamos a vida tentando negar é a existência da maldade, da pessoa má. Sim, existem os que são possuídos por espíritos estranhos, ou mesmo, como alguns chamam, entidades espirituais do mal. Mas o que insisto aqui é que um ser aqui, de carne e osso, humano em demasia, esse também é mau. Se tem uma coisa que somos capazes é de fazer o mal, e olha, quanta capacidade, viu? Muito se goza no e do mal que se faz. O gozo vem da carne e a carne goza vendo a outra carne sangrando. Não é só macabro, muito menos coisa de um serial killer, muito menos maníaco. É coisa do comum humano sim senhor. É no mais comum e normalzão do meu ser, que penso, imagino, desejo o mal. Um desejo por certo, inconsciente e revestido de influências do Outro, mas um desejo meu e por isso, de minha responsabilidade. Fúria e ruínas! Arruinada seja toda criatura que te consome. É de ruína em ruína que se caminha, sob os escombros da maldade pensada, articulada, elaborada e desejada. Sou mau porque desejo ser. Carrego em meu inconsciente uma fúria que me domina. Sou fácil mal-dante, um mal andante e errante. Me basta ir para errar. No princípio da ação precipita um mal que é movimentado. Não sou instinto, sou mau porque justamente não pertenço ao natural. Sou cultural, sou movimento pensante, sou linguagem, e a fala que me constitui me repousa na pura maldade que nem sei que sou, mas sou. Produzo ruínas, na fúria que sou. Tudo é ruína, tudo se faz ruir ao menor movimento. Se piso arruíno, se falo poluo, se consumo, se trago, se como, se bebo, se evacuo, em tudo arruíno. A ruína é produzida pela degradação desse viril decrépito que sou. Sim, somos pura decrepitude. O que me decrépita me faz fúria, e o que me faz fúria, se faz ruína. A semente do mal habita esse ser. É luta inacessível, ela não negocia sua condição de poder. Como tal, é nessa luta constante que se gera o atrito furioso que causa a ruína do ser onde este habita. Esse mal-dante, composto de mal, andante e errante, não luta conscientemente contra a carne. A carne, o corpo, o visto decrépito, é posto como oposto, porque o que realmente está posto, não é carnal, facial e natural. A tua fúria não mira o que te atinge no real. Se miras o teu mais absoluto inimigo, é a ti que arruínas. Teu mal te consome, arruinado te seja.

Ninguém quer ninguém! Nos juntamos a outro, ou outros por dois motivos. Buscamos no outro a nós mesmos, e não aquele outro. E por medo. Sim, medo. O medo nos faz juntarmo-nos ilusoriamente em guetos, grupos, pessoas, a pessoa. Penso que me defino num grupo, num meio, numa crença, numa ideologia. Tolo, eu. Não sou eu que me defino por tal. Meu inconsciente me define. É no real (não realidade) que me defino, sem saber que me defino e porque me defino. Mas sou definido. Não me iludo com o querer muito. Quanto mais e avassalador é esse querer de um por outro. Tenha certeza. Esse um quer na verdade mais de si, busca a si, só a si. Paixões exacerbadas, exageradas, verdadeiras possessões, não passam de um egoísmo narcísico, pois essa paixão e busca, é unicamente por si mesma, na outra pessoa. E só preciso da outra pessoa para "me buscar" porque tenho medo. Se não fosse o medo, nem para isso buscaria o outro. Ninguém quer ninguém! Outra ilusão é a completude! Não me pertenço por completo. Ao contrário, sinto que sou pertencido e não é a mim. Todos tivemos um dia ou temos no hoje a sensação de que agora vai, agora serei senhor do meu destino. Agora me domino. Agora sou eu que tenho as rédeas da minha vida. Agora, agora serei eu por completo. Chega de representar. Tolo. São vários os eus em um só corpo. Eu consciente na realidade. Eu consciente em representar o que acho que devo ser como querem que eu seja. E o eu mais profundo, mais misterioso, mais rebelde, menos dominado. Meu eu inconsciente. Meu eu que não sou eu, mas sim, sou eu. Um eu que mais prevalece e, no entanto, em nada o domino. Como uso a palavra domínio, dominação. Por que será essa possessão? Para que tanto desejo em dominar? Será justamente porque não me domino o maior tempo da minha vida? Talvez. Em nada sou mais incompleto do que na minha vida. Mas para que completude? Será que necessito tanto de ser completo? Completo de quê? Prefiro essa incompletude ambulante. Me conforta saber que sou três em um corpo. O mistério de não saber o que penso que sei, é velado num semblante apaziguador, ainda que com dor, pois para isso não tem cura, vai doer sempre!

A impossibilidade absoluta. O impossível é absoluto. Desejamos, sonhamos, buscamos, mas, se é impossível, é absoluto. Absoluto na sua suprema impossibilidade de ser alcançável. Quanto de nosso desejo é impossível? Todo! O desejo, desejo mesmo, aquele que vem do eu, do inconsciente, esse desejo perene, que nem sabemos o que desejamos, só sabemos que desejamos, e olhe lá! Só sei que desejo. É desse desejo que busco incessantemente o inalcançável, pois quando chego perto, bem pertinho, ele escapa, como água nas mãos. Somos seres desejantes. Não falo aqui de necessidades, de demandas. O desejo é além disso tudo. O desejo é levado, elevado, elaborado por nossas pulsões. Somos pulsões libidinais de "carne e osso"! Essa pulsão, pulsa meu desejo, que nunca alcanço porque nunca paro de desejar, impulsionado que sou. A pulsão, graças a Deus, é castrada, algo a barra. Mas o desejo vai além, se barrado ou ilusoriamente alcançado, ele segue, seu impossível absoluto. É sua missão não parar. O desejo é aquilo que nos faz fálico, pois o busco, busco esse algo, quero esse mais. O possível não é "amigo" do desejo, não se encontram. O desejo só encontra o impossível, pois o possível lhes escapa. Escapa não porque foge, não porque não o quer. O possível quer encontrar o desejo, mas escapa porque o desejo não quer esse possível, o desejo não fica. O desejo prossegue, continua, persegue, pois ele é desejo, e desejo não se completa, pois ele é o impossível absoluto.

O estrago é grande! Muito grande! A presença que a falta faz é muito penosa. Sim, porque se ausência existe, ela prova que é presente. Se eu afirmo que algo é, que algo existe, então esse algo é presente. E o algo que falo é a ausência. Nada talvez, mas é o que penso, me atrapalhou mais na vida do que a viva (para que essa redundância?) Presença de um ser que foi ausente? Tu foste ausente quando não podia, quando não devia, quando não tinha o direito. Tu foste um covarde, e me fez covarde. Não sou covarde pela acusação que tanto me atribuem. Pois do que me atribuem, fui justo, pratiquei justiça cortando na própria carne, prerrogativas dos corajosos. Tentaram me golpear no jogo mais rasteiro, quase lama. Mas resisti e não sucumbi. O tempo provou. Mas você não cara, Você foi covarde, e sua covardia me custou muito caro. Você não sabe o estrago que fez, em me fazer. Você deixou sua única obra inacabada, solta, ao relento. Quantos não são tirados de seu singelo barro, esculpido por estúpidos como você e depois abandonados ao relento? Mas depois de mexido e retirado do barro, não pode mais voltar. Sua covardia só dói porque você teve cúmplices que não te deixaram apagar-se da minha memória. Teu trauma foi terrível. Sem dúvidas, o mais pesado. Mas não foi culpa tua, não foi voluntário e ativo, como o trauma que causaste a mim, propositalmente. Perdoou teu mal, como faço. Mas perdoar não é aceitar. É talvez tentar amenizar a dor. Nunca pude ser o que queria ser porque você, irresponsavelmente foi um presente/ausente. E olha que nem de amor posso falar.

Onde você acha que eu estou? Não é possível limitar o estar. O homem é o único ser que pode estar em mais de um lugar ao mesmo tempo. Inconsciente e consciente. Aqui, fisicamente, lá mental e no pensamento. É na presença do não sabido que exerço meu supremo direito de não estar aqui. Sim, não estou. Olha que loucura é esse não lugar que estou. Eu, sim, eu estou aqui agora te falando, através dessa escrita, usando de meu simbólico, fazendo linguagem desse meu real. Mas não estou aqui. Quem está nessas letras ajuntadas é um sujeito, margeado, lado a lado por significantes. E mais significantes, e entre esses, um sujeito, e mais, e eis que estou aqui. Não aqui, onde lês agora. Estou aqui, agora, nesse exato momento, em outro lugar. Tipo: ei, olha eu aqui. Mas não, não estou nesse aqui que imaginas. Você sabe onde estou exatamente agora? Não é "conversa de bêbado", mas uma reflexão não usual do tempo, espaço, matéria e vida. O tempo passa, a vida insiste. Semblante fechado, mas não desiste. Parece forte, ainda que triste. Cansada, pensada, prensada e pesada. Mas nunca acovardada! A mulher. A mulher é isso, a não covardia, a não assentada no conforto de uma zona. A mulher não se conforta no conforto. A mulher é luta, e na luta, ela goza nessa incansável sanha ardente do mover. Nada impede uma mulher de desejar além, mais além. Ela é além, habitando um algo a mais que atravessa o imaginário de quem pensa imaginá-la por completa. A mulher nunca é completa, pois nada a completa em definitivo. A mulher forja o fálico, circula no mais além, e não se deixa prender num conjunto que só faz homens. A mulher é tão esse impossível de roteirar num só ato, que ela não é "a mulher", pois não se fecha numa definição cravada no "a". De um nada, ela faz tudo, e nesse tudo trafega de um lado a outro, sem nunca fechar o tangível de imaginar. O desejo é algo que escapa, não realiza, se faz não presente no real de uma ausência, manejando a pulsão que inibe o que lhes opõe. Me escondo, peço socorro. Nesse ársis desesperado tento me achar. Preciso me encontrar. A primeira falta que nos faz seres faltantes é a falta de nós mesmos. Me falto e por isso me busco. Sou falta, me falta, faço falta. Só na falta dou conta de que existo. É quando me falto que existo. Existo bordejado por uma falta que sei que me completa. O que me faz completo é a certeza de que sou faltoso. A borda precede meu profundo. Toda profundidade é iniciada numa beirada. Só sou permitido conhecer minha beirada. O meu profundo até vem, mas só virá pela fala. Falo e entro. Quanto mais falo, mais penetro no profundo do meu existir. Por que preciso me encontrar? Será mesmo essa falta, necessária de saber. O meu desejo é realmente de mim, ou desejo o desejo do outro? Ele é meu, o desejo, sim, meu. Mas só quando o que desejo é ser o desejo do outro. Desejo ser o desejo do outro. Isso me torna ser faltante e é nessa falta que me acho. Me encontro exatamente onde falto. Preciso me encontrar. Estou muito longe quando penso que sei onde e quem sou. Mas estou absolutamente perto, quando sei que falto e que de mim, nada sei ainda.

O passado devora o presente, mas o presente não é nenhum "inocente". O porvir, num piscar de olhos, ou menos, deixa de ser futuro, de ser além, e já vira presente, mas não sabe o presente que nada fica nele, pois num piscar de olhos, ou menos, já vira passado. O passado é acumulador então? Sim, é lá que tudo fica. O presente é um rito de passagem, pois por ele tudo passa. Isso, passa. Quando se diz "passa" é porque não fica, não é estático, é móvel, vai... Por isso vemos muito a frase "estou passando por uma fase muito difícil..." Exato, e ainda bem que você está "passando", ou seja, passando essa fase difícil para o passado. Passando e passado, se passam, porque é a mesma coisa. Onde e como trato esse "passado" é que diz muito do que sou. Imagine que tesouro existe nesse "entulho", "depósito", "barragem de rejeito" que se chama passado. É lá que posso descobrir muito desse eu. É lá que significantes se constituem entre sujeitos. É de lá que meu inconsciente extrai seus contos, encantos, armadilhas, manipulações, dejetos e objetos. No passado vive o "tesouro escondido" do real. O passado é meu real do inconsciente e lugar que alimenta meu imaginário. Simbólico é quando trago à tona, à superfície esse passado. Na fala posso simbolizar o que esconde meu inconsciente. É desse passado que sei mais de mim. "Teu passado te condena"! Não, não, "meu passado me constitui". Simbolizando meu passado, na fala analítica, sigo passando por essa vida.

Partir é morrer um pouco no adeus de um louco. Lembrar do que me fez mal, me faz um mal danado, mas insisto nessa lembrança que não sei dizer porque vem, mas ela sempre insiste em vir. Parece que quer forçadamente viver. É sorrateira a chegada, até mesmo silenciosa, pois não quer estragar o estrago que provoca com sua presença. Tem coisa que nos destrói, corroendo o osso da alma. Essa coisa é a má lembrança, aquela de que por tudo não a queria aqui, agora, mas ela chega sem avisar, e fica, e finca sua tez delicada, ainda que mordaz. A beleza esconde muito em seus efeitos. O belo amolece quem o olha. Nada mais traiçoeiro que o belo e próximo. Sedução é ilusão, enganosa e pervertida. A má lembrança traz antes de tudo, o tolo que fui quando me deixei seduzir. Ao meio dia, pleno sol, a esquina ferve e pulsa. Uns indo, outros voltando, uns sorrindo, outros chorando. Uns partindo, outros chegando, uns odiando, outros amando. A esquina é lugar de vida e a vida não pede passagem, ela vive. A vida é soberana, pois seu contrário é só a morte, e a morte não é vida, a morte é morte, é um pós vida. A vida é soberana e única. Enganoso é pensar que a vida não é soberana, pois sempre termina na morte. Não, não! A vida não termina na morte. A vida faz seu ciclo e finda. A morte não é o fim da vida, a morte é o começo do escuro destino que ninguém vê, nem sabe, muito menos é avisado. Uma é sequência da outra, mas não a mesma coisa. A beleza aprisiona o belo e o que olha o belo. Dizem que o belo Narciso morreu por ser tão belo. De tão belo, queria só ele consumir toda sua beleza, sem deixar sobras para o outro. Muitas vezes quero me consumir sozinho, por inteiro, todinho meu. Me quero só para mim mesmo, quero tudo.

O nada precede tudo. Nada é nada, e nada é antes. Tudo parte de um nada. Até a criação partiu de um "faça-se...". Do nada se faz o algo, onde antes era o vazio. O nada, o vazio o buraco, o oco é de onde partirmos e tudo se faz:...e mesmo entre o nada e o ser, existe o outro, o que em linguagem constitui esse ex-nada. Somos, portanto, "ex-nada". Do nada viemos, um nada éramos, mas ao nada nunca mais retornamos. Errado é quem diz "eu sou um nada", pois um nada é um oco entre um algo e outro algo. Será o sujeito da Psicanálise que é entre significantes, um nada? Creio que não, mas não é minha crença que voga, ainda que ela não seja um nada. Um nada só retorna nesse entre, nesse oco, pois nem a morte me leva ao nada. O nada vagueia entre o eu e o sujeito, entre significantes, entre o que eu acabei de ser, antes de ser outro. Sou o meu primeiro outro em mim mesmo. Antes era o outro, os outros, pois mesmo antes de nascer, já deixo de ser um nada, a partir que o outro me constitui, ainda que em projeto, sonho, desejo, vontade. Na linguagem, no simbólico, não deixo de ser um nado só quando nasço. Deixo de ser um nada a partir do momento que sou falado. Um nada só é nada na linguagem, na palavra nada!

A fala vem de um antes, um antes que se chama silêncio de falar. Mas não um silêncio qualquer. Do ruído não se escapa, mas do silêncio da fala sim. A fala não tem dono, não tem senhor. Ela tem três tempos em um só: o que falo, sei parte, mas não sei tudo. E quem ouve, não é obrigado a entender o que eu disse. É na fala que o significante extrai de uma raiz tenaz, que faz causa, esse sujeito, que assujeita o falante. A fala é tão forte, pois de uma só, se faz três. O que falo, falo; o que falo entendo; o que falo o outro entende. Também pode ser uma, ainda que difícil. Ser falante é o que sou. Isso me diferencia de meu amigo Ziggy, meu cachorro de altíssima estimação. Ser falante é o bicho que encaçapa a bola, faz o ponto, ganha o jogo e faz o outro fazer algo. Fazer algo é fácil, Ziggy também faz. Fazer falado, só o humano faz. A fala é um fazer que simboliza o real. Diz um certo locutor de manhãs radiofônicas: "Uma plêiade...de fala". Não é de fala qualquer que falo até aqui. Existe a fala "tanto", e a fala "analítica". Quem me ouve não é igual. Não falo para qualquer um. Falo para quem quer me ouvir. Qualquer ser esse ser que quer ouvir minha fala. Um de um é o suficiente, pois é na fala ao um de um que essa fala simboliza o real. Um de vários, até ouve minha fala, mas a escuta, só o um de um, o analista. Esse me escuta. A esse falo.

    A vida já está em curso. Por que espero tanto o grande dia da minha vida? Ah, eu sei que vou vencer um dia..."Vencendo" ou "perdendo", a vida está rolando, embolando, andando, saltando, caindo, levantando. Vencer, perder, é relativo. Aproveita que ela já começou faz tempo e curte o caminho. Se não busco um "alvo" suposto saber, vivo mais o caminho desse caminhar. A vida existe é agora, é no caminhar, é na estrada. O porvir não existe. Não é no futuro que vivo. Sonhar é bom, faz parte, mas é a parte, e não o todo. Construo o que desejo no caminhar. Que tédio não curtir o caminho que a vida me leva. Do que me adianta chegar e não ter vivido o caminho que me levou? Ok, cheguei, alcancei, e? Pois é, o desejo é sempre o desejo de desejar, portanto, ao chegar, cheguei, mas onde queria, pois passo a querer outro desejo. Meu sonho e desejo é chegar aos cem anos de idade. Daí chego lá! Do que me adianta estar nesses cem anos de vida, se não tenha curtido e vivido cada dia que levou a ele. O que importa é o caminho construído que me levou. Cem anos, que belo, cheguei, até que enfim. E agora? O que faço com esse lugar de ser que me deixa todo sofrido, arranhado pelos espinhos que o caminho me lançou. O que me resta? Morrer.

    Às vezes é muito chato ser gente. Ser eu então, puts. É

às vezes um saco. Não tenho escolha do que ser, mas na escolha suprema do que sou, é muitas vezes insuportável ser o que se é. Já lhes ocorreu de acordar ou mesmo no transcorrer do dia se pegar insuportando sua condição de ser. Existe um insuportável em cada um, de si para si, que gera angústia e sofrimento. Projeto muitas vezes no outro um insuportável que nada tem a ver com ele. Era em mim que eu gostaria de bater na cara. O Sujeito do inconsciente se faz presente exatamente nesse insuportável que me é estranho, justamente por seu eu, ainda que estranho. O primeiro que estranho, quando descubro que sou um, é justamente esse outro que me assola, sendo esse outro meu outro um. Mas apesar de ser um e ter outro um, não sou dois, não faço par, e por não ser soma de dois uns, sou confuso, perturbado, desorientado, incompreendido por mim mesmo. Tem dias que não suporto essa condição de ser que me tornei. Tenho muitas vezes a sensação de que não sei quem sou realmente, qual sou eu nesse um e outro. E se o outro que é meu estranho é quem realmente sou, e o que penso ser, é meu outro? O outro que é outro é evidenciado na minha vida, muitas vezes indevidamente, pois não se trata dele, não é ele a causa de minha angústia. Posso até não saber explicar o que é isso, mas confessar que isso sinto, e isso atravessa e incômoda, isso posso. Atire a "primeira palavra" aquele que nunca sentiu profunda raiva de um estranho que o habita! Já disse aqui e repito sempre: não adianta espernear, se esgoelar, se esfalfar, não conseguirás sair de si numa de inteiro, de senhor de si, porque não somos senhores de nossas vidas, não somos senhores de nada, ou quase nada. O senhorio dominante é uma invenção ilusória, pobre coitado, chamado humano. Nada me faz sair da posição de desejante, faltante, frustrante, frustrado e meliante, adiante, andante de uma vida, vida em abundância.

Empedernido em seus assombros, para ele, verdade absoluta e em nada irresoluto, seguia Jael, um tolo adorável que todos na esquina gostavam e nutriam um certo calor-amor-humano. Jael não era conhecido como Jael, mas muito antes disso, como Sorriso! Jael era o sorriso em pessoa. Desprovido de recursos materiais, um tanto quanto liso e pobre, Ja do Sorriso, como alguns o chamavam, tinha uma beleza, não só interna, com sua sempre peculiar e especialíssima bondade e presteza, mas quem o olhava com um olhar calmo de especialistas em belezas, viria um homem interessante, onde nem mesmo sua desprovida vida podia esconder tamanha beleza. Um favor aqui, na montagem de uma barraca de um vendedor ambulante da área, uma sacola acolá que ele ajudava a carregar de uma senhorinha que lá fazia suas compras. Um recado levado ali, uma encomenda comprada acolá, e assim Jael se fazia quase que onipresente na esquina famosa. Jael era para o aparente, para o outro, para o externo, para o além dele, além do corpo, uma brilhante luz em vida. Mas Jael não era isso tudo, ou até mesmo, quase nada disso para si mesmo. Jael nutria um assombro constante, segundo ele mesmo dizia. Quando ouvido por algum curioso ou mesmo alguém investido de caridade, na tentativa de algo fazer por Jael, ele tentava em seu modo muito peculiar, expressar sua angustia. Jael dizia que algo, alguém, uma coisa, o assombrava constantemente em seus pensamentos. A coisa o maltratava em palavras, sempre ásperas, gritantes e cortantes. Jael tentava explicar que uma voz, uma voz muito áspera e rude, o importunava com ruídos, palavrões e sustos. Essa voz é sempre a mesma e Jael explica que ela dá ordens, comandos a todo tempo. Ela não manda Jael matar, roubar, maltratar ninguém, ela não o usa para, aparentemente fazer algum tipo de mal a alguém. O que ela faz é ordenar que Jael jamais pare, ela ordena que Jael sirva, que Jael, faça sempre algo para alguém, e que Jael jamais feche a cara! Jael não pode parar de sorrir e jamais negar um favor, um fazer, seja para quem for. Jael é torturado em não poder parar. Com isso, Jael é sempre solícito, riso eterno na cara, e mão para toda obra. Jael não para de fazer o bem para alguém, mas Jael cansa. Jael se esgota fisicamente e mentalmente. Jael se entedia em nunca para de sorrir, em nunca parar. Fazer só o bem, unicamente o bem, sempre o bem, é uma tortura para Jael, e Jael cansa, a esquina cansa de um Jael que não para, de um Jael que não descansa, de um Jael que cansa. As pessoas na esquina não entendem um Jael de um lado para o outro, sempre lá, sempre sorrindo. E Jael cansa.

Ela insistia em ter raiva, em ficar com raiva. Eu sempre insistindo que não iria deixar ela ficar com raiva de mim. Não existe, é quase impossível existir vida na esquina sem uma relação de amor, uma relação de paixão, uma relação, de dois, sejam lá quem sejam esses dois, só são. É bem doida essa sensação de que uma pessoa qualquer, pode ser eu, ou pode ser você, tem uma outra pessoa com quem mantêm algum tipo de relação. Uma relação é uma ralação entre dois corpos. Uma alma até não rala com outra, mas rela, rela de relacionar-se. O psicanalista, meio maluco, francês, Jacques Lacan dizia uma ontológica frase: "não há relação sexual". ÓÓÓ... No sentido de que, em meu entendimento, cada um na verdade ao relacionar-se com o outro, se relaciona com sigo mesmo, usando aquele outro nesse momento de relação. Cada um, fantasia e goza daquilo que lhe diz respeito, sozinho, purinho. O outro ali, naquela relação só é usado como um, talvez, vetor de ignição cognitiva para se consumar o gozo. Não gozo com você! Gozo de você o gozo que é só meu. Você não me fez gozar. Você foi usada, usado, para que eu pudesse realizar minha relação com meu gozo, através da minha fantasia. Por isso ela insiste em ter raiva, ainda que muito mais soberana nessa relação de não relação, pois ela exerce a função de quem é, e não de quem tem. E quem é, tem mais poder do que quem tem. Quem é, é. Já quem tem, pode perder e não mais ter. Não há possibilidade de quem é, deixar de ser. Só se deixa de ser, quando não mais se existe. Já quem tem exerce um poder falho, de posse, de guarda, de dono. Ambos efêmeros e frágeis compostos da existência. Ter é frágil. Possuir é posse, e o que se pode, pode não se puder em outro momento. Sabe aquele lance meio jargão? Melhor ser do que poder! E uns não são, nem têm.

Não existe a menor possibilidade de minha vida existir sem um significativo amigo de quatro patas, rodando meu caminho, fuçando meus pés, meu cheiro, minha pele. Talvez, digo querendo dizer, quase que com certeza, um ser humano não tenha a capacidade de lealdade e confiança que um cachorro tem. Sim, fecho no cachorro, mas pode ser um outro amigo de quatro ou mesmo de duas patas, fecho nesse, porque é o que possuo em meu coração como amigo. Não é possível existir esquina sem eles. Chamam alguns, os mais sofisticados, de estimados, pois dizem de estimação. Denomina-os de raça. Não sei você, mas eu não sei o que é uma vida sem eles por perto. Esses caras nos ensinam muito, de um modo simples, mudo, porém poderoso no olhar. Sim, um animal que nos estima, nos fala com os olhos. Sinceramente, esses caras não são animais, eles são vidas. Creio que eles nos analisam e sentem algo profundo, mas confuso. Um misto de amor, alento, desalento, alegria, tristeza, saudades, decepção. Às vezes acho que somos muito grotescos com eles. Um cachorro nos olha e sente uma imensa, incompreensível, inexplicável dor de angústia. Eles perambulam pelas esquinas atrás de migalhas de um olhar de um certo humano. Muitos de nós têm um comportamento mais para húmus do que humanos. Ser cruel é nossa marca. Somos a pior espécie, pois ainda que dotados de racionalidade, portanto sabedores do que é mal e o que é bem, o bem que tanto dizemos que queremos fazer, não fazemos. Mas o mal que tanto dizemos que abominamos, esse fazemos. Não sei o que é amor entre dois húmus, vulgo humanos, sem a presença de um ser que balança um rabo em forma de coração.

A esquina hoje está sombria, mas não é uma sombra uniforme, de cima, do céu. É uma sombra que vem de baixo, do ralo, do rastro, e ela fede, ela cheira mal. Uma sombra que sobe, se exalta ao pisar de cada um. É como que cada um ao se movimentar, exalar aos pés, uma sombra fétida. Sim, a sombra que vem do ralo, da ralé, fede. Rasteja um rastro sombrio e ele sobe até as narinas de cada um. A sombra que vem de baixo, é singular, é única, é de cada um, é do um que não se faz coletivo. O mal cresce, o mal aparece, o mal cheira, o mal cheira mal, o mal é mau, nada é mais humano do que o mal. Tem dias que acordo carregado por uma sombra toda minha, uma sombra toda em mim. E essa sobra acorda comigo, levanta comigo, anda comigo, transita comigo na esquina. A sombra que carrego comigo é minha, mas se espalha, é espalhada, é exalada pelo outro, até porque o outro é sempre parte na minha sombra. É impossível fazer o mal, ser mau, sem a presença do outro. O espelho não mostra a sombra, mas o outro a percebe. Seria possível eu ser mau sem a existência do outro na minha vida? Até quando me mutilo, me auto malvado, me autoflagelo, o faço por influência do outro. É muito bom falar de amor, mas o amor é quase inexistente sem a presença do ódio. Só faço o mal que faço porque existe o outro. Assim mesmo é a existência do amor. O amor só existe porque seu oposto também existe. Tudo é existência em ato, em desejo, e sempre acompanhado por seu oposto, seu ferrenho oponente, radicalmente adversário. Tem coisa mais radical do que a oposição entre o totalmente branco, em detrimento do totalmente preto? Os opostos se auto alimentam em suas absolutas guerras.

Volto como de costume a esquina, na verdade nem sei se chego a sair dela, pois a esquina é meu habitat. Como sempre uma sensação estranha dentro de mim, aquele meu outro estranho que me faz as perguntas, mas insiste na já respostas. Aquele meu outro que me domina sem dominar, me doma sem domar, me põe numa redoma de sol, sal, brasa e brisa. Escrita de um corpo em movimento, um corpo que revela uma aparência que faz marca, pois muitos dos que ali transitam, não se ouvem, mas se veem, e isso basta para marcar quem é quem. Mas, e o espírito? Esse ninguém vê, esse ninguém toca, esse ninguém cheira e justamente esse, o espírito, é quem move o corpo por dentro. Paro, talvez pela primeira vez, na esquina, busco um meio fio limpo e ali sento, e ali sinto. Não sei o que sinto, até porque muita coisa não faz sentido, mas imagino que sinto, ou sinto mesmo, não sei. Nada costuma ser algo, ainda que nada, pois no mínimo nada é uma ausência, uma falta, uma borda. Não sei sinceramente se vale a pena você estar aqui, nessas páginas, lendo isso. Não me tenha como covarde, em só alertar isso agora, a essas páginas. Alguns parecem glorificar o sofrimento, pois nessa glorificação se goza. Chega a ser sedutor pensar e agir o mal, matéria prima do sofrimento, do outro ou mesmo próprio. Fazer o mal faz gozar com o outro, muitas vezes sendo só essa a opção de convívio, o sofrimento.É arrogante não sofrer, é desinteligente não fazer sofrer, pensa assim o que se ali-menta do sofrimento. Não são poucos. Eu me alimento do meu sofrimento. Um certo alguém um dia disse que para conhecer mais é preciso sentir menos. Sim, é isso mesmo, o sentir vem da mente, eu sinto, sentidos, às vezes até lógicos. Já conhecer, conhecer é da alma, é do coração. Por isso às vezes eu clamo, sinta menos, viva mais. Clamo a mim mesmo, certo? Não a você. Somos vidas enigmáticas. O homem é um enigma. Você aí é um grande enigma, vivemos o dilema da descoberta todos os dias, de quem somos, ainda que em piloto-automático, preponderantemente inconsciente. Não é uma busca, uma descoberta deliberada, pensada, sentida. Trata-se, sim, da busca real do não sentido da vida. O não sentido é bem mais atuante, mais predominante, mais ativo e manipulador de nossas vidas, do que o tolo sabido sentido. Meu desejo real é unir o céu e a terra, e isso só posso com a alma. Perdemos muito, algumas perdas são necessárias. Não falo só de perdas drásticas de agudos traumas. Também perdemos sonhos, desejos então, nem se fala, o desejo é a própria falta em si, correndo em círculos ilusórios por influência de um Outro, principalmente. Perdas despercebidas, perdas escondidas, perdas partidas, perdas vividas. Diria até que minha longa e pretensiosa vida é na verdade uma perda. Todo dia perco um pouco mais de mim mesmo, do que tentei. Sou meio arredio com o que deixam predominar nas vidas, sendo regente quase mor de seus dias. Falo aqui da tal emoção, pois percebo que muitos dão uma verdadeira moção de honra à emoção. Taxam de frio o que não se deixa influenciar pela emoção, porém ser frio é um estado de emoção, estado esse vivido no sentido, no sentir viver, no que o outro percebe. Mas a verdadeira emoção de um frio é na alma e essa esconde, é sem sentido, é real, é vivida. Só se perde o que se teve, só parte quem esteve, só vive tudo isso quem viveu com esse isso. A repetição é o excesso em minha estrutura que insiste atuar, re-editar acontecimentos. Pura quantidade de afetos projetados a esmo, e repito, repito, repito... Vamos terminar? Acho que já basta, já deu. Por hoje fico por aqui. Pode até ser que continue. Fica com um tanto de despedida, na presença de Charles Baudelaire:

O GOSTO DO NADA

Morno espírito, antigamente afeito à luta,
A Esperança, que te esporeava outrora o ardor,
Não te cavalga mais! Deita-te sem pudor,
Cavalo que tropeça em tudo e em vão reluta.

Dorme, ó meu coração; desiste, ó massa bruta.

Espírito vencido! Em ti, velho impostor,
Já não tem gosto o amor, nem o tem a disputa;
Não mais a voz do cobre e da flauta se escuta!
Deixa esta alma sombria, ó prazer tentador!

Perdeu a Primavera o seu cheiro de flor!

E o Tempo me devora em marcha resoluta,
Como a ampla neve um corpo rijo em seu torpor;
Contemplo do alto o globo túmido e incolor,
E nele nem procuro o abrigo de uma gruta.

Queres levar-me, ó alude, em tua queda abrupta?

Projeto Editorial
Dez Páginas
dezpaginas@gmail.com